센스

문화 차이를 느껴야 영어가 는다

센스
Sense

안준성 지음

Making Sense of English Language
under Korean Culture

도입

"라면 먹고 갈래요?"는 영어로 뭐지?

"라면 먹고 갈래요?"

영화 또는 드라마에서 자주 쓰이는 대사이다. 여자가 자신의 집 앞에 온 남자에게 모종의 신호를 보내는 것. 한국인들이 너무나도 사랑하는 라면을 이용한 감칠맛 나는 표현이다. 과연 영어로는 어떻게 표현해야 할까? 머릿속에 확 떠오르지는 않는다. 너무 한국적인 표현이기 때문에 영어로 번역하기가 쉽지 않다. 요즘 많이 사용되는 무료 앱에 입력해 본다. 결과는 전혀 놀랍지 않다.

"라면 먹고 갈래요?"
(Do you want to eat ramen?)

누구나 번역에 문제가 있다는 사실을 알 것이다. 한국식 뉘앙스가 빠진 기계적인 번역이다. 언어는 문화의 일부이고, 문화는 언어에 투영된다. 한국 문화에 익숙하지 않은 외국인은 이렇게 답할 지도 모른다.

"배불러요."
(I am full.)

문맥상 라면은 연인들 간의 은밀한 암호이다. 좋아하는 이성과 계속 함께 있고 싶은 여성의 속마음을 표현하는 도발적인 질문이다. 아무리 배가 불러도 배가 부르다고 말하면 안 된다. 잘못하면 센스(sense: 눈치)가 없는 사람으로 낙인이 찍힐 수 있다. 상대방이 자신과 함께 있기 싫다는 의미로 해석되기 때문이다. 영어로 표현하자면 이렇다.

"안으로 들어와 주세요."
(Please come in.)

'라면 먹고 갈래요?'라는 표현은 과연 어디에서 나왔을까? 의외로 그 기원을 정확히 아는 사람은 많지 않다. 왜 그럴까? 생각보다 오래된 역사를 가지고 있다. 2001년도 영화 〈봄날은 간다〉로 알려져 있다. 줄거리는 이렇다. 어느 겨울 사운드 엔지니어 상우(유지태)는 지방 방송국 라디오 PD 은수(이영애)를 업무차 만난다. 자연의 소리를 녹음하기 위한 여행을 통해서 둘은 가까워진다. 어느 늦은 밤 은수가 "라면 먹을래요?"라고 제안하고, 두 사람은 연인 관계로 발전한다. 이번엔 인터넷 검색을 해보았다. 유레카! 재미있는 영문 번역을 찾았다.

"넷플릭스 앤 칠."
(Netflix and chill.)

갑자기 왠 넷플릭스가 튀어나왔지? 순간 궁금해졌다. 어딘가 어색하다. 칠(chill)은 쌀쌀한 냉기를 의미한다. 속어로는 '빈둥거리며 시간을 보내다'라는 뜻이다. 의역하자면 '넷플릭스를 보면서 시간을 때우자'쯤이 될 것이다. 재밌는 상상을 해본다. 만약 당신이 미국인을 만나서 "넷플릭스 앤 칠"이라고 말하면 과연 어떤 반응을 보일까?

"무슨 뜻인가요?"
(What do you mean?)

십중팔구는 되물을 것이다. 결론부터 말한다. "넷플릭스 앤 칠"은 "라면 먹고 갈래요?"가 아니다. 두 가지 이유가 있다. 첫 번째, 영어 단어 칠(chill)은 남성이 쓰는 단어이다. 불어와 스페인어처럼 단어마다 성별이 부여되진 않지만, 영어에서는 가끔 성별을 구별해서 쓰는 단어가 있다. 예를 들어 칠 아웃(chill out)은 남자끼리 느긋하게 시간을 함께 보내자는 뜻이다. 반면 영화 〈봄날은 간다〉의 이영애처럼 여성이 자기 집 앞에서 말할 경우, "안으로 들어올래요?"의 의미인 "컴 인(come in)"을 쓴다.

둘째, 미국 여성들은 예상 보다 보수적인 경향이 있다. 처음 본 이성에게 접근해서 전화번호를 따는 등의 다소 '공격적인' 한국식 데이트 문화에 놀라는 경우가 많다. 미국 문화에서 여자가 먼저 도발적으로 묻는 경우는 드물다. 우리가 할리우드 영화나 미국 드라마를 통해서 접하는 미국 여성상은 주로 뉴욕시에서 일하는 극소수의 라이프 스타일뿐이다. 문화 차이를 이해해야 외국어 공부를 효과적으로 할 수 있다. 시간이 흘러서 표현 방식이 변해도 그 근간을 이루는 문화적 요소는 오래 지속된다.

2010년 《잉글리시 디바이드(English Divide)》를 집필한 지 벌써 13년이 흘렀다. 집필 당시 13년 간의 미국 생활에서 체득한 영어 학습법을 독자들과 나누기 위함이었다.

"십 년이면 강산도 변한다."

맞는 말이다. 돌이켜보면 영어 학습에서 가장 중요한 점은 문화 차이에 대한 정확한 이해라고 생각한다. 본 개정판에는 세 가지 특징이 있다. 첫째, 문화 차이에 대한 내용을 전면에 배치한다. 2004년 귀국 후, 피부로 느꼈던 역문화 충격을 에피소드별로 재구성하면서 미국 문화의 특징과 활용법에 대해서 상세히 기술한다. 둘째, 레트로 감성을 흠뻑 살리기 위해서 자세한 배경 설명을 추가한다. 영화와 드라마의 시간적, 공간적 배경에 대한 설명을 덧붙여서 독자들의 이해를 돕는다. 셋째, 개정판에 추가된 부분은 괄호 안에 삽입한다. 기존의 2010년도 시점을 유지하되, 필요시 변동 사항을 추가한다.

본 책은 세 파트로 구성된다.

첫 번째 파트는 〈미국 문화 바르게 이해하기〉이다. 13년 간의 유학 생활 후 국내에서 겪었던 역문화 충격 사례를 소개하고, 한국과 미국의 문화적 차이점을 조목조목 집어본다. 국내에서 잘못 이해하고 있는 미국 문화의 특징을 알기 쉽게 설명함으로써 미국 문화에 대한 올바른 이해를 돕는다. 미국 문화의 특징을 활용하는 다섯 가지 영어 회화의 기술을 소개한다. 먼저 상대방과의 공통 관심사를 찾고 지적 호기심을 자극한다. 상대방을 칭찬하고 크게 웃길 수 있는 맞춤형 조크를 준비한다. 마지막으로 문화 차이를 고려한 적절한 보디랭귀지 사용법을 설명한다.

두 번째 파트는 〈미국 영어 멋지기 쓰기〉이다. 영어 울렁증을 극복하고 수준 높은 영어를 구사하는 방법을 제시한다. 한국식 영어인 콩글리쉬(Konglish) 사용의 장단점을 되집어보고 영어 표현의 일관성을 강조한다. 소리와 글자가 다른 영어의 특성을 설명하고, 영어 원어민과의 원활한 소통을 위한 다양한 소재거리를 제시한다. 고급 영어 학습을 위한 모국어 공부의 중요성을 강조하고 구체적인 고급 영어 표현법을 제시한다.

세 번째 파트는 〈글로벌 영어 학습법〉이다. 크게 세 가지를 다룬다. 첫째, 글로벌 비즈니스 영어에서는 전화 영어, 이메일 영어, 비즈니스 미팅,

영어 인터뷰를 위한 준비 방법과 실전 노하우를 설명한다. 둘째, 글로벌 세일즈 영어에서는 주한 미국상공회의소(암참)의 조직, 운영, 세일즈 방법을 소개한다. 암참 모임 및 칵테일파티에서 처음 만난 기업 임원 및 외국대사관 직원들과 대화하는 방법을 구체적으로 소개한다. 셋째, 국제 협상 영어 사용법을 다룬다. 미국, 일본, 싱가포르 협상가들의 문화적 특징 및 국가별 대응 방안을 자유무역협정(FTA) 협상 등의 실제 사례를 통해서 설명한다.

간략히 정리해본다. 이 책의 주제는 이렇다. 문화 차이를 오감으로 느껴봐야 영어 실력이 제대로 는다. 이 책이 독자 여러분의 영어 감각(English Sense)을 향상시키는 계기가 되길 바란다. '센스쟁이'가 된 여러분의 미래의 모습을 그려본다. 당신의 센스 찾기 여정에 이 책이 조금이나마 도움이 되기를 바란다.

2023년 11월
서초동에서

목차

도입 "라면 먹고 갈래요?"는 영어로 뭐지? · 4

PART I 미국 문화 바르게 이해하기

I 역문화 충격

1. 유덕화는 안부를 묻지 않는다 · 17
2. 황금마차를 타고 갈까요? · 21
3. 자기야, 아무거나 시켜 줘! · 26
4. 깜박이는 반대로 켠다 · 30
5. 그는 한 골도 넣지 못했다 · 33
6. 한국 남자는 스나이퍼, 미국 남자는 헌터 · 36
   모델 포즈 | 길거리 헌팅 | 비밀 연애

II 미국 문화 살펴보기

1. 보디랭귀지에 강약을 둔다 · 45
   앤 해서웨이는 전화를 받지 않는다 | 먼저 내밀지 않는다
   할 때마다 잰다

2. 마초맨 전성시대 · 50
   왜 자꾸만 친구의 여자가 좋을까? | 샤워하면서 노래하지 않는다
   오빠, 이 옷 어때요?

3. 드레스 코드는 적절하게 · 58
   택배는 뒷문입니다 | 내 컴퓨터도 수리해 주세요

4. 색깔로 구분한다 · 62
   내 얼굴에 뭐 묻었니? | 선한 거짓말은 없다
   전화번호부가 누렇게 바랬어요

5. 숫자로 부른다 · 67
   저스틴 팀버레이크는 찢었다 | 동서는 짝수, 남북은 홀수
   서류 번호가 뭔가요? | H1N1라고 쓰고 돼지라고 읽는다

III 미국 문화 특징을 활용한 영어 회화 방법

1. 공통 관심사로 시작하라 · 75
작은 변화에 주목하라 | How로 질문하라
관심 스포츠를 파악하라 | 베스트셀러를 찾아라

2. 지적 호기심을 자극하라 · 85
용의 발톱은 몇 개일까? | 구미호는 키스하지 않는다
젓가락 길이가 다르다

3. 영어로 칭찬하기 · 91
얼굴이 조막만 해요 | 우유 빛깔 OOO!
내가 웃는 게 아니야! | 여기 설탕 추가요!

4. 영어로 웃겨보자 · 98
빵 터지게 웃겨라 | 저도 힐러리의 남편입니다
두 여성은 절대 동의하지 않는다

5. 보디랭귀지를 곁들이자 · 106
서러워 우는 게 아니야 | 난 너무 예뻐요
실물이 더 좋으시네요 | 아 다르고 어 다르다

PART II 미국 영어 멋지게 쓰기

IV 영어 울렁증 극복하기

1. 콩글리시를 써도 될까요? · 115
   휴 그랜트가 미국 발음을 한다면? | 루돌프는 사슴이 아니다
   제발 단무지 좀 주세요!

2. 읽을 때와 쓸 때가 다르다 · 112
   톰 크루즈는 거꾸로 읽는다 | 너의 이름은…… '아에네'?
   큰소리로 써라 | 눈으로 들어라

3. 다양한 이야깃거리로 극복하라 · 133
   미셸 오바마는 어떤 드라마를 좋아할까? | 당신은 왜 계속 웃나요?
   영어는 나이 순이 아니잖아요 | 난 당신의 카드를 훔치지 않았다

V 고급 영어 설명서

1. 모국어 기반이 중요하다 · 147
   오바마는 왼손으로 쓴다 | 예산댁이 동쪽으로 간 까닭은?

2. 고급 어휘력이 필요하다 · 152
   포크는 거짓말하지 않는다 | 마스터카드로는 살 수 없어요
   그녀는 소녀가 아닙니다

3. 한 수위 영어를 구사하라 · 160
   펩시를 공짜로 주세요 | 제이 좋아하는 음식은 무엇인가요?
   가위가 안 보여요 | 200년 전 여왕의 미소를 보았다

4. 고급 영어는 바로 이런 것 · 168
   간결미가 생명이다 | 고유 명사에 유의하라
   외래어는 우아하게 사용하라 | 뉘앙스의 차이를 공략하라

PART III 글로벌 영어 학습법

VI 글로벌 비즈니스 영어

1. 전화 영어 · 183
존댓말로 시작하라 | 철자별로 끊어 읽어라
약자는 절제하라 | 전화번호 읽는 방법
자주 틀리는 비즈니스 영어 표현

2. 이메일 영어 · 196
칭찬으로 시작하라 | 용건만 간단히
상대방 관점에서 써라 | 시간 부사구로 완성도를 높여라
디테일 표현에 유의하라

3. 비즈니스 미팅 주의사항 · 207
호불호는 갈린다 | 옆자리에는 앉지 마라
묻지도 말하지도 않는다 | 공감대를 찾아라

4. 영어 인터뷰는 면접관 눈높이로 · 214
원어민에게는 간결하게 | 한국인에게는 또박또박하게
감각적으로 선택하라

VII 글로벌 세일즈 영어

1. 주한외국상공회의소 · 219
일찍 일어나는 새가 벌레를 잡는다 | 골든박스를 선점하라
명함 정리와 이메일 작성 요령

2. 암참 테이블을 점령하라 · 226
좌백인 우한인 | 호기심을 끄는 화술
안변의 필살기 | 명함 속의 비밀
등지기 기술

3. 칵테일파티 토크 · 236
스탠딩 파티는 체력전이다 | 혼자 있는 사람에게 접근하라
음식 이야기로 시작하라 | 마당발 따라잡기

VIII 국제 협상 영어

1. 협상이란 무엇일까? · 243
   협상은 복불복이다 | 내부의 적이 더 무섭다

2. 상대방의 협상 전략을 꿰뚫어라 · 251
   미국인은 항상 웃는다 | 일본인은 무표정하다
   싱가포르인은 천천히 말한다

3. 원초적 본능을 지배하라 · 259
   말하지 않아도 알아요 | 소중한 정보를 감사드립니다
   고객님, 아직 회원이 아니신가요?

4. 공격할 땐 매섭게 · 266
   호통칠 때 떠나라 | 미안하다 잠수탄다
   여권 번호가 어떻게 되시죠? | 만날 운명이라면 만나게 돼요

PART I

미국 문화 바르게 알기

I

역문화 충격

새로운 문화권으로 이주할 경우, 문화 차이에서 오는 충격을 겪게 된다. 반대로 해외에서 오래 살다가 본국에 돌아와서 느낄 수 있는 재입국 스트레스를 '역문화 충격'이라고 부른다. 해외에서 오래 살수록 본국은 본국대로, 자신은 자신대로 변하기 때문에 그 갭이 점점 커진다.

1. 유덕화는 안부를 묻지 않는다

"나중에 밥 한번 먹어요!"

일상생활에서 자주 쓰는 표현이다. "나중에"처럼 정확한 날짜를 언급하지 않으면 별다른 의미가 없다. '인사치레'일 뿐이다. 영어권에서 "씨 유 레이터!(See you later!)"라고 작별 인사를 하면, 언제 또 볼 건지 되묻지 않는 것처럼. 문화마다 독특한 인사 방식이 존재한다. 우리말의 '밥 먹다(eat)'와 영어의 '보다(see)'는 작별 인사로 쓰인다. 불특정한 미래를 뜻하는 '나중에'와 '레이터(later)'라는 시간 부사를 함께 쓴다.

영어에서 '밥 먹다'는 인사가 아니다. 감정 표현이 확실한 미국 문화에서는 상대방이 밥을 먹자고 해서 승낙하는 경우 반드시 그렇게 해야한다. 한국식 문화에 익숙하지 않은 미국인이 잘 이해하지 못하는 부분 가운데 하나이다. 예를 들면 먼저 밥을 먹자고 제안해서 전화를 했더니만, 한국인 친구가 도리어 당황해 하는 상황이다.

한국어를 공부하는 외국인은 점점 증가하는 추세다. KBS 〈미녀들의 수다(2006)〉를 필두로 해서 JTBC 〈비정상회담(2014)〉, MBC 〈대한외국인(2018)〉 등의 다양한 예능 프로그램에 한국어를 유창하게 구사하는 외국인들이 많이 출연한다. 한국 경제가 성장하면서 한국어 구사 능력이 글로벌 경쟁력의 하나로서 자리 잡아 가고 있다. 언어의 장벽이 없어져도 문화의 장벽은 쉽게 극복되지 않는다. 한국어를 잘 구사해도 한국 문화에 대한 이해가 부족할 경우, 정확한 의미를 이해하기 힘들 때가 있다.

재미교포 친구가 다니던 대형 로펌을 방문한 적이 있었다. 그곳에서는 부하 직원들의 평가가 안 좋은 직장 상사의 순위를 매겨 하위권 네 명을 "사대천황(四大天王)"이라고 불렀다. 1990년대 홍콩 가요계를 누볐던 네 명의 톱스타 남자 가수를 의미한다. 장학우, 유덕화, 여명, 곽부성이다. 1992년 미스홍콩선발대회에 네 명이 동시에 하객으로 참석한 계기로 생겼다고 알려졌다.

재미교포 친구의 회사 직원들이 '진상' 직장 상사를 사대천왕으로 패러디했다. 친구 사무실을 한 바퀴 구경한 후, 점심을 먹으러 엘리베이터를 탔다. 바로 밑층에서 사대천황 중 한 명인 '유덕화'가 탔다. 유덕화, 교포 친구 그리고 나. 세 남자가 탄 엘리베이터 안에는 잠시 정막이 흘렀다. 유덕화가 불쑥 물었다.

"바쁜가요?"

(Are you busy?)

친구는 전혀 흔들림이 없이 대답했다. 시선은 엘리베이터 층표시기에 고정한 채.

"똑같습니다!"
(Same!)

잠시 후, 1층에서 유덕화와 헤어졌다. 건물을 나오면서 왜 그런 답을 했는지 물었다. 친구의 설명은 제법 논리적이었다. 유덕화의 질문은 자신의 일을 도와줄 수 있냐는 뜻이었다. 안부를 묻는 것이 아니라 자신에 대한 '충성도'를 실시간으로 확인하는 것이다. 만에 하나 부하 직원에게 거절을 당할 경우 자신의 체면을 지킬 수 있도록 '돌려서' 질문한 것이다. 부하 직원은 딜레마에 빠지기 쉽다. 네(Yes)라고 대답하면 무례하게 비칠 수 있고, 아니오(No)라고 하면 엘리베이터에서 내리기 무섭게 '일 폭탄' 이메일을 맞을 수 있기 때문이다.

"똑같습니다!"

유덕화의 촘촘한 포위망을 교묘하게 벗어나는 기발한 방법이다. 똑같다는 것은 두 가지로 해석될 수 있다. 바쁜 사람은 계속 바쁘고, 한가한 사람은 계속 한가하다. 과연 무슨 뜻일까? 정중하게 '귀찮게 하지 마세요.'라는 대답을 '돌려서' 한 것이다. 한국 소식 문화상 식상 상사의 제안을 선뜻 거절하기는 어렵다. 바로 그 점을 노려서 유덕화는 집요하게 묻는다. 노(No)라고 대답할 수 밖에 없는 상황으로 몰아간다. 사대천황의 전매특허 기술이다. 이런 상황을 벗어나기 위해서 제삼의 답을 하는 것이다.

만약 미국에서 비슷한 상황이 벌어졌다면 과연 어떨까? 이런 상황은 미국 문화에서 잘 벌어지지 않는다. 상대방에게 대뜸 바쁘냐고 묻지 않는다. 궁금할 경우, 어떻게 지내냐고 안부를 먼저 묻는다. 그 후, 상대방의 대답에 따라서 질문 여부를 결정한다. 만에 하나, 바쁘냐고 질문을 직접 받는다면, 어정쩡하게 '돌려서' 대답하지는 않을 것이다. 예(Yes) 또는 아니오(No)로 확실히 답을 할 것이다. 혹시 상사의 눈치를 봐야하는 특별한 상황이 아니라면 말이다.

2. 황금마차를 타고 갈까요?

2004년 5월 정보통신부(현 방송통신위원회)에 처음 출근하는 날이었다. 당시 정보통신부는 광화문 사거리 세종문화회관 건너편에 위치한 KT건물에 '세 들어' 살고 있었다. 귀국한 지 2주일밖에 안 된지라 예상치 못한 일들이 많이 생겼다. 첫 출근을 하던 날, 미국식 9 to 5 근무 제도(오전 9시에 출근해서 오후 5시에 퇴근하는 제도)에 1시간을 연장해서 9 to 6 근무 제도를 예상했다. 유교 문화권이라서 윗사람 '눈치 보기'를 미리 감안한 것이다.

"땡. 땡. 땡. 땡. 땡. 땡."

사무실 벽시계가 6시를 알리자마자 건물 중앙에 있는 엘리베이터로 쏜살같이 달렸다. 퇴근 시간에 직장인들로 가득 찬 '콩나물' 엘리베이터 상황을 피하기 위해서였다. 때마침 엘리베이터 앞에 국장님 한 분이 근엄하게 서 계셔서 깍듯하게 인사했다.

"국장님, 안녕하세요!"

"……."

그런데 이게 웬일인가. 국장님은 나를 위아래로 몇 번 훑어본 후 영 못마땅한 표정을 지었다. '혹시 오늘 기분이 별로이신가?' 머릿속으로 여러 가지 상상을 하던 중, 엘리베이터가 1층에 도착했다. 난 공손하게 90도 폴더 인사를 했다.

"(꾸벅) 내일 뵙겠습니다!"

국장님은 아무런 댓구도 없이 묵묵히 바라봤다. 다음날 아침 동료에게 국장님과의 엘리베이터 에피소드를 들려줬더니, 그의 얼굴이 이내 창백해졌다.

"첫날부터 큰 실수를 하셨군요."
"왜요?"

당시 정부 부처에는 공무원 엘리베이터 이용에 관한 '불문율'이 있었다. 공식적인 퇴근 시간은 오후 6시였다. 고위직 공무원을 제외하고는 6시 정각 '칼퇴근'을 하는 것은 꿈도 못 꿨다. 일반 공무원은 고위 공무원과 같은 엘리베이터를 타는 것 자체를 꺼렸다. 나처럼 아래위로 '전신 스캔'을 여러 번 당한 후, 괜스레 핀잔까지 들을 수 있기 때문이다. 만약 초면에 이름과 소속까지 캐묻는다면, 슬기로운 공무원 생활이 고달파질 수도 있다.

며칠 동안 엘리베이터 이용 시간을 유심히 살펴보았다. 나름 일정한 패턴이 있었다. 직급별 순서가 보였다. 국장급은 6시 정각 칼퇴근, 과장급은 6시 15분, 그 외 직원들은 6시 30분은 되어야 엘리베이터로 향했다. 15분 간격의 시간차 이용 패턴은 점심시간에도 마찬가지였다. 다만 기준 시간이 정오가 아니라 오전 11시 30분이다. 직급이 높을수록 미리 나가는 것이다. 국장급은 11시 30분, 과장급은 11시 45분, 다른 직원은 정오에 사무실을 일제히 나선다.

부서내 순서도 있었다. 자신의 직속 상관이 나가지 않으면 부하 직원들은 제자리에서 대기해야 했다. 궁금한 점이 생겼다. 장관과 차관은 엘리베이터에서 단 한 번도 마주친 적이 없었다. 출퇴근 시간에 엘리베이터를 타지 않나? 동료에게 물어보니, 장관과 차관은 빈 엘리베이터를 전용으로 사용한다고 했다. 직급으로 사람을 차별한다는 생각에 기분이 씁쓸해졌다. 내 궁금증은 계속됐다.

"급한 일이 생기면 어떻게 합니까?"

만약 사무실이 고층에 있다면 계단 사용도 그리 쉽지 않다. 당시 내가 근무하던 곳은 광화문 KT 건물 13층이어서 계단으로 걸어 내려가려면 상당한 시간이 걸렸다. 13층까지 계단을 걸어서 올라가는 것은 차마 상상도 못했다. 의외로 답은 간단했다.

"화물 엘리베이터를 이용하면 됩니다!"

순간 '화물'이라는 단어가 내 귀에 쏙 들어왔다. 한낱 짐짝 신세라니! 잠시 충격에 빠진 날 불렀다.

"궁금하시면, 이쪽으로 오세요!"

비상계단 옆에 있는 화물 엘리베이터는 윗분들 눈에 띄지 않게 '은밀히' 건물을 출입하는 비밀 통로 역할을 했다. 화물용 엘리베이터는 하루 종일 붐볐다. 반면 건물 중앙에 있는 승객용 엘리베이터는 빈 상태로 운행되는 경우가 허다했다. 당시 에너지 절약 차원에서 시행했던 엘리베이터 '홀짝제'는 실효성이 별로 없어 보였다. 건물 1층을 제외하고 홀수층 또는 짝수층 전용 엘리베이터로 구분하는 제도이다. 당시 엘리베이터를 타기 전에, 꼭 홀짝 여부를 확인해야 했다. 잘못 탔다가는 1층까지 내려와서 갈아타는 번거로운 상황이 발생할 수 있다. 다행히 홀짝제는 화물용 엘리베이터에는 적용되지 않았다.

당시 엘리베이터의 이용 제한은 다른 중앙 부처에서도 존재했다. 2005년 자유무역협정(FTA) 협상 준비 모임에 참석하러 외교통상부(현재는 외교부로 불리며, 통상 업무는 산업통상자원부로 이관됐다)에 자주 갔었다. 당시 외교통상부는 길 건너편 세종문화회관 뒤쪽에 있었다. 외교부 직원에게 재미있는 이야기를 들었다. 외교통상부 건물에는 '황금마차'라고 불리는 엘리베이터가 있다는 것이다. 내부와 문이 모두 황금색으로 도배된 '간부 전용' 엘리베이터다. 외교통상부를 방문하는 고위급 외교관들이 주로 이용하기 때문에 언론 기사 사진의 배경으로 자주 등장했다. 반쯤 닫힌 황금색 문 사이로 초치(외교 문제를 논하기 위해서 외교관을 불러들이는 행위) 당한 외교관의 굳은 얼굴이 보이곤 했다.

미국 문화에서는 사물을 원래 용도에 맞도록 사용하는 것을 중요시 한다. 사람이 화물 엘리베이터를 탄다고 생각하지 않는다. 직장 상사의 눈총과 잔소리를 피하기 위해서 미리 눈치를 보고 행동하는 "자가발전(공무원이 특정한 상황을 모면하거나 특정한 목표를 달성하기 위해서 스스로 취하는 행동)"을 하진 않을 것이다. 다른 사람들과의 관계도 중요하지만, 최소한 개개인의 기본적인 권리(승객용 엘레베이터 사용권)는 존중돼야 한다는 의식이 강하기 때문이다.

3. 자기야, 아무거나 시켜 줘!

"메뉴 하나 더 주세요!"

패밀리 레스토랑에서 친구들과 식사한 적이 있었다. 네 명이 앉았던 테이블에는 메뉴가 달랑 한 개밖에 없었다. 한 사람이 고르는 동안 다른 사람은 도대체 무엇을 하란 말인가? 미국에서는 메뉴를 사람 수대로 제공한다. 다른 사람과 공유하지 않는다. 다른 사람과 나눌 수 없는 개인적인 것으로 보기 때문이다. 개인주의 문화가 발전된 미국에서는 상상조차 할 수 없는 일이다. "메뉴 하나 더 주세요!"라고 여러 번 소리쳐보기도 했다. 이제는 까다로운 '진상' 손님으로 낙인이 찍힐까 봐 아무 말도 하지 않는다. 묵묵히 내 차례를 기다릴 뿐이다. 이것 또한 지나가리라.

강남구 삼성동의 이탈리안 레스토랑에서 식사를 하는데, 옆 테이블에 앉은 남녀 커플의 대화가 어렴풋이 들려왔다. 남자가 혼자서 메뉴판을 뚫어지도록 보면서 물었다.

"자기야, 뭘 먹고 싶어?"
"아무거나!"

여자의 답변은 매우 간결했다. 난 순간 맨붕에 빠졌다. 그들의 대화를 직역해보면 논리적으로 이해하기가 어렵다. 영작을 한번 해보자.

"Honey, what do you want to eat?"
"Anything!"

anything은 '당신 마음대로!(As you wish!)'라는 뜻이다. 상대방에게 '자기 결정권'을 넘겨주는 것이다. 위의 영어 대화의 뜻은 상대방이 선택한 음식이 무엇이든지 '달게' 먹겠다는 것이다. 삼성동의 상황과 비교해보자. 메뉴를 보고 있는 남자는 메뉴를 안 보고 있는 여자에게 무엇을 먹을지 묻는다. 매번 상대방의 입맛을 정확히 맞힐 수 있는 '쪽집게' 점쟁이가 돼야 논리적으로 말이 된다. 문제는 다음 단계에서 발생한다. 남자가 여자의 마음을 잘못 읽고 원치 않는 메뉴를 주문할 경우다.

"자기는 내가 이거 싫어하는 거 몰라!"

단 한 번의 실수로 '애정이 식었다'라는 등의 잔소리를 듣기 쉬울뿐더러 주문이 통째로 바뀔 수도 있다. 점쟁이도 아닌데 어떻게 상대방의 마음을 매번 정확히 읽을 수 있을까? 한 사람에게 메뉴 선택에 대한 모든 부담을 떠넘기는 방식을 이해하기 힘들다. 테이블마다 메뉴를 하나만 주는 것도 한국 문화에서는 큰 문제가 아닌 것처럼 보인다. 각자 자신의 것을 정하면 이런 탈이 나질 않을텐데.

메뉴 숫자에 대한 의문은 역문화 충격의 시작에 불과했다. 얼마 후, 더 충격적인 일을 체험했다. 자신의 음식을 고를 때 상대의 음식에 따라서 바꿔야 했다. 식당에 가면 다양한 음식의 맛을 봐야 한다는 사회적 공감대가 있었던 것일까? '나눠먹기' 문화는 국이나 찌개를 온 식구가 함께 나누어 먹던 전통 한식 스타일에서 유래된 것으로 보인다. 이런 풍속에 화들짝 놀라는 외국인이 꽤 있다. 서양에서는 자기 그릇에 있는 음식만 먹는다. 만일 다른 음식을 먹고 싶다면 자신의 그릇에 먼저 덜어서 먹는 것이 예의이다.

귀국하고 얼마 안 되어서 초등학교 여사친(여자 사람 친구)과 함께 강남구 압구정에 있는 중국 식당에 간 적이 있다. 메뉴판을 선점한 여사친이 물었다.

"너, 뭐 먹을 거니?"
"난 얼큰한 삼선짬뽕이 좋은데!"

여사친의 목소리가 갑자기 차가워졌다. 아까보다 나지막한 소리로 말했다.

"나는 우동을 시킬껀데……."

나는 순간 속으로 생각했다. '난 짬뽕, 넌 우동 먹으면 되겠네.' 잠시 후, 종업원에게 씩씩한 목소리로 주문했다.

"우동 하나, 삼선짬뽕 '곱빼기' 하나 주세요!"

바로 그 순간 친구는 얼굴을 붉히면서 버럭 소리를 질렀다. 눈치 9단으로 보이는 직원은 잠시 메뉴판을 움켜쥐고 한 발짝 뒤로 물러섰다.

"야! 둘 다 탕을 시키면 어떡해!"
"넌 우동 먹는다며!"
"나누어 먹을 수가 없잖아! 넌 센스도 없냐!"
"(잠시 할 말을 잃음)······."

센스? 무슨 말이지? 국어사전에는 "어떤 사물이나 현상에 대한 감각이나 판단력"이라고 나온다. 여기에서는 문맥상 '눈치'를 의미한다. 두 사람이 식사를 할 경우 한 명이 탕 요리를 시키면 다른 사람은 다른 종류를 시켜야 한다는 일종의 '불문율'을 깬 것이었다. 두 사람이 같은 종류의 음식을 시키면 센스(눈치)가 없다는 것이다. 이렇듯 한국에서는 자신의 음식을 공유하고, 상대방 음식에 따라 자신의 음식도 바꿔야 하는 등의 '자기 결정권'이 상실되는 경우가 있다.

음식 나눠먹기 문화는 개개인의 권리와 개성을 중요시하는 서양인에게는 생소하다. 미국인은 같이 식사를 하는 경우에도 자신의 음식을 나누지 않는다. 위생적인 이유도 있지만 그럴 경우 친밀한 관계로 오해받을 수 있기 때문이다.

4. 깜박이는 반대로 켠다

　자동차를 운전하다가 문화 충격을 받은 경우가 많았다. 미국 유학 중에 미국 미시간주의 운전면허증을 취득했다. 1992년 여름 방학 때 경험한 국내 운전 문화는 매우 낯설었다. 어느 늦은 밤 아버지가 운전하시던 차를 탔다. 어두운 밤길 사거리에서 신호 대기를 하던 중, 아버지께서 갑자기 헤드라이트를 끄셨다. 깜짝 놀랐다. 깜깜한 밤중이라서 전조등을 끄면 상대차가 우리 차를 전혀 볼 수 없었다. 아버지의 답은 내 상상을 초월했다.

"건너편 운전자 눈이 부실까봐."

　자신과 가족의 안전보다 생면부지의 상대편 차량 운전자의 편의를 우선하다니. 이런 '지나친 배려' 현상은 지금도 목격된다. 예를 들면, 자동차 후면 유리에 "초보운전" 스티커를 붙이는 것이다. 미국에서 그런 스티커를 붙이지 않는다. 왜냐하면, 교통사고가 발생하면, 초보 운전자의 과실로 추정할 수 있는 증거(시인)가 될 수 있기 때문이다.

나의 역문화 충격은 계속됐다. 특히 밤에 켜는 자동차등 사용 방식이 너무 달랐다. 경광등, 방향지시등, 비상등 모두 달랐다. 제일 먼저 느낀 것은 경찰차의 경광등이다. 미국에서는 경찰이 범인을 추격하거나 주위에 위험을 알릴 때에만 켠다. 한국 경찰은 '근무 중(on duty)'일 때 켜고 다닌다. 어두운 밤길에서 경광등은 안전하다는 심리적인 위안감을 주려는 일종의 '배려'인지는 모르지만, 너무 자주 켜져 있다는 느낌이 든다. 미국에서는 구급차가 사이렌을 울리며 주행할 때 다른 차들은 무조건 길을 양보해야 한다. 이를 흔히 "모세의 기적"이라고 부른다. 복잡한 고속도로도 예외는 아니며, 구급차가 완전히 지나갈 때까지 달리던 차들은 갓길에 잠시 멈춘다.

경부고속도로에서 사이렌을 울리는 구급차를 몇 번 본 적이 있었다. 아무리 사이렌을 울려도 다른 차들이 꿈적도 않았다. 응급차가 갓길에서 아슬아슬하게 질주하는 광경을 이따금 목격했다. 일반 차량이 구급차에 차선을 양보하고 갓길에서 대기하는 미국과는 정반대였다. (한국판 모세의 기적은 2018년 〈도로교통법〉 및 〈소방기본법〉 개정으로 명문화됐다.)

운전하다 커브를 돌 때면 방향지시등을 켜야 한다. 운전자가 가려는 방향의 깜빡이를 켜는 것이 원칙이다. 국내에서 도로를 주행하다가 놀라운 사실을 발견했다. 우회전을 하려는 차가 왼쪽 깜빡이를 켜고 있는 것이었다. 왼쪽 도로에서 빠르게 접근하는 운전자에게 신호를 하기 위함이다. 미국에서는 절대 있을 수 없는 일이다. 자신이 가고자 하는 방향의 깜빡이를 켠다. 한국에서는 측면에서 빠른 속도로 접근하는 차량에게 자신의 차가 진입할 수 있도록 '배려'해 달라는 신호로 쓴다. 문제는 뒤에 있는 차량 운전자에게 혼선을 줄 수 있다. 우회전하는 경우에 왼쪽 깜빡이를 켜기 때문이다. 미국이라면 뒤차가 빵!빵! 경적을 올릴 수도 있는 상황이다. 잘못된 방향으로 가려는 앞차에게 위험을 알리기 위해서다.

　미국에서는 비상등을 말 그대로 비상시에만 켠다. 주행 중인 차가 비상등을 켜는 경우 뒤에 있던 차가 와서 도움이 필요한지 확인한다. 폭풍, 폭우 같은 기후 조건이나 정비 문제로 주행할 수 없을 경우에 비상등을 켜서 다른 운전자에게 자신의 위치를 알린다.

　한국에서는 비상등을 차량 간의 의사 표현의 수단으로 사용한다. 끼어들기를 하거나 실수를 하는 경우에 비상등을 서너 번 깜박거린다. '미안하다'는 뜻이다. 서로 옷깃만 스쳐도 "실례합니다.(Excuse me.)"를 외치는 미국과 달리 서로 몸이 닿아도 별 반응 없이 지나치는 한국에서 이런 활발한 자동차 소통 문화는 사뭇 흥미롭다. 상대 차량에 대한 '지나친 배려'가 자신의 안전을 위협할 수 있는데도 말이다.

5. 그는 한 골도 넣지 못했다

"오빠, 파트너가 뭐예요?"
"파트너?"
"미국 로펌 영화에서 주인공이 파트너가 됐다고 무척 좋아하던데요."
"파트너가 파트너지! 하하하."

미국 유학 당시, 돌발 질문을 받은 적이 있었다. 피아노를 전공하던 한 후배가 대뜸 물었다. 자신이 재미있게 봤던 영화에서 주인공이 로펌 파트너가 되는 장면이 나왔기 때문이다. 당시에는 정확한 의미를 몰라서 얼버무렸던 흑역사가 이따금 떠오른다.

미국 로펌에서는 변호사를 크게 파트너와 어소시에이트(associate)로 구분한다. 국내 로펌의 구성원 변호사와 변호사의 구분과 유사하다. 일반직으로 어소시에이트로 입사한 후 7~8년이 지나면 파트너로 로펌 경영에 직접 참여할 수 있는 기회가 주어진다. 호봉제로 받던 연봉은 성과제로 바뀐다. 일을 잘하는 파트너는 보다 많은 돈을 벌 수 있지만, 그렇지 않은 경우에는 어소시에이트 보다 적게 받는 경우도 있다.

국내에서는 파트너(partner)라는 단어가 광범위하게 사용된다. 국어사전에 외래어로 등재된 단어다. 영어의 의미와 조금 다르게 사용되는 경우가 있다. 파트너는 주로 비즈니스 파트너를 의미한다. 이럴 경우에는 반드시 비즈니스 파트너라고 언급한다. 일반인 사이에서는 파트너라는 단어를 주의 깊게 사용해야 한다. 룸메이트를 부를 때 파트너라는 단어를 피하자. 파트너의 원래 뜻에 '배우자'도 포함되어 있다. 미국 사회에서 동성을 "마이 파트너(My partner)"라고 부르면 동성연애자를 의미한다. 같은 단어라도 누구와 이야기하느냐에 따라서 달리 해석될 수 있다.

"인생은 누군가와 함께 할 때 더 아름답다."
"MY (   ) PARTNER."

2009년 배우 지진희가 출연한 국내 은행의 텔레비전 광고에 〈나의 (   ) 파트너〉라는 문구가 있었다. 지진희는 2003~2004년 MBC 드라마 〈대장금〉에서 남자 주인공 민정호 역으로 출연한 후 최고의 인기를 누리고 있었다. 최고 시청률 57%의 인기 드라마에서 주인공 장금이(이영애)에게 보여준 헌신적인 모습이 시청자들에게 강한 인상을 심어 줬기 때문이다.

다시 은행 광고로 돌아가 보자. 괄호 안에 네 가지 표현을 집어넣어 은행 직원과의 친밀감을 보여주는 이미지 광고다. 미국에서라면 오해를 살 만한 장면도 있었다. 〈MY 말이 통하는 PARTNER〉 장면에서 외국 여성과 한국 여성이 서로 얼굴을 맞대고 음료수 한 잔에 각자의 빨대를 꽂고 빨고 있는 모습이다. 앞서 설명한 바와 같이 미국 문화에서는 아주 친밀한 관계가 아닌 경우에는 서로 음식을 나누어 먹지 않는다. 예를 들어서, 가족 간에도 음식을 각자의 그릇이나 잔에 덜어서 먹는다. 위 광고에서는 같은 음료를 주문할 정도로 서로 말이 잘 통한다는 친밀감을 나타내려는 듯하지만, 미국 문화에서는 그렇게 보이지 않을 것이다.

2010년 광고 모델을 축구선수 이영표로 전격 교체한 후, 〈MY 성공을 돕는 PARTNER〉라는 문구를 사용했다.

"2002년, 2006년 그는 한 골도 넣지 못했다. 하지만 모든 골의 뒤엔 그가 있었다."
"당신에 금융에도 그런 파트너가 필요합니다. 성공을 돕는 파트너 OO 은행."

아주 기가 막힌 반전이다. 파트너라는 단어의 부정적인 의미를 없애는 동시에 긍정적인 의미를 극대화하는데 성공했다. 같은 단어라도 문맥에 따라서 완전히 달라질 수 있다는 점을 잘 보여준 사례이다. 외래어를 사용할 때, 단어의 원래 의미를 꼼꼼히 확인해 보는 습관이 필요하다. 또한 파트너처럼 다양한 의미가 있는 경우, '비즈니스 파트너'처럼 명확하게 언급해야 불필요한 오해를 피할 수 있다.

6. 한국 남자는 스나이퍼, 미국 남자는 헌터

한국과 미국의 대표적인 문화 차이로 남녀 간의 데이트 방식을 들 수 있다. 남녀 커플이 교제를 시작하는 방식부터 교제 기간 중에 각자의 역할 등 많은 차이점이 있다. 어떤 행동은 상대방 문화에서 수용할 수 없는 금기인 경우도 있다. 한국과 미국의 문화 차이는 데이트에 대한 인식의 차이에서부터 시작된다.

모델 포즈

"필이 오는 사람을 좋아해요."

국내의 이성 관계에서 가장 중요한 것은 필(feel)이다. 많은 한국 여성들은 자신의 이상형을 '필이 오는 사람'이라고 말한다. 좋은 느낌이 드는 사람이라는 뜻이다. 동사 feel은 '손으로 더듬어 찾다'라는 뜻이고, feeler는 동물의 더듬이다. 바지 주머니 속에 있는 동전을 더듬어서 찾는 것처럼, 눈에 보이지 않는 범위를 손으로 더듬거려서 찾는다는 뜻이다.

"나는 그를 더듬어 찾을 수 있다."
(I can feel him.)

미국인은 필이라는 단어를 쓸 때 주의한다. 구어로 '더듬거리면서 만지는 행위'라는 뜻이고 동물의 더듬이가 연상되기 때문이다. '필링(feeling)'이 적절한 표현이다. 필링은 물리적 또는 감정적 반응이고, 필은 어떤 사물에 대한 이해를 말한다. 미국인은 이성 관계에서 케미스트리(chemistry)를 중요시한다.

케미스트리는 화학 과목이 아니다. 사람 사이에 서로 강하게 끌리는 현상이다. 이성 간의 공감대 또는 공통점이다. 영영사전에 나오는 뜻을 해석해 보면 '강한 성적 매력'이다. '케미스트리(케미)가 있다'라고 말하면 이성적인 매력이 느껴진다는 의미다. 자석의 N극과 S극처럼 가까이 있으면 둘이 서로 잡아당기는 '보이지 않는' 힘을 의미한다. 물리적으로 가까운 거리에 있더라도 매력이 없는 경우 '케미스트리가 없다'고 말한다.

필과 케미스트리의 차이점은 관점이다. 필은 일방적인 감정을 의미하지만, 케미스트리는 상호 감정을 의미한다. 전자는 일방통행, 후자는 쌍방 통행이나. 필은 주관적인 것으로 상대방에게 직접 표현하지 않지만, 케미스트리는 쌍방 누구나 사용할 수 있는 표현이다.

한국인과 미국인의 호감 표시 방식은 다르다. 미국에서는 호감이 가는 사람을 보는 경우 밝게 웃는다. 상대방이 밝게 웃는다는 사실은 친하게 지내자는 제스처로 볼 수 있다. 만약 얼굴을 찌푸리거나 시선을 피한다면 말조차 섞지 않겠다는 뜻이다. 미국인의 표정을 그대로 해석하면 감정을 쉽게 파악할 수 있다.

한국에서는 정반대인 경우가 많다. 만약 자신이 좋아하는 이성이 다가온다면 십중팔구 인상을 쓴다. 마치 CF 모델이 진지한 표정으로 쩨려보는 모델 포즈를 취하는 것처럼. 자신의 속마음을 들키기 싫기 때문이다. 좋아하는 감정이 강할수록 오버액션은 강해져 눈조차 잘 마주치려 하지 않는다. 상대방의 마음을 모르는 상태에서 괜히 접근했다가 거절당하면 낭패를 겪게 되기 때문이다.

한국 드라마나 영화에서 서로 앙숙처럼 싸우다가 갑자기 연인이 되는 극적인 장면을 자주 볼 수 있다. 미국인들은 이러한 '보이지 않는' 감정 표현 방식을 잘 이해하지 못한다. 오히려 자기 감정 표현이 명확한 미국 문화에서는 속마음을 숨기는 행위자체를 부정적으로 인식한다. 가수 신승훈의 노래 〈보이지 않는 사랑〉의 한 소절이 한국인의 정서를 정확히 나타낸다.

"보이지 않게 사랑할거야."

길거리 헌팅

미국 할리우드 영화에서는 미국 여성이 다소 왜곡되게 묘사되는 측면이 있다. 활동적이며 성에 매우 개방적인 캐릭터가 주를 이룬다. 국내에도 잘 알려진 드라마 〈섹스 앤 더 시티(Sex And The City)〉와 〈프렌즈(Friends)〉가 대표적인 예이다.

전자는 1998년부터 6년간 시즌 6까지 방영된 HBO 로맨틱 코메디 시리즈이다. 1990년대 뉴욕에 사는 네 명의 3040 싱글 여성들의 일, 사랑, 우정을 소재로 다룬다. 당시 뉴욕 스타일 패션을 볼 수 있는 작품이었다. 후자는 1994년부터 10년간 시즌 10까지 방영됐던 NBC 시트콤 시리즈이다. 뉴욕 맨하튼을 배경으로 여섯 명의 친구들의 삶과 우정을 다룬다. 드라마 〈섹스 앤 더 시티〉처럼 헤어스타일, 패션, 소품 등이 세계적인 화제를 낳았고 유행의 선두 주자가 되었다.

미국인들을 만나보면 의외로 보수적인 성향이 강하다. 특히 중소 도시 출신은 한국보다 더 보수적인 경향이 있다. 할리우드 영화 캐릭터와 평범한 미국인과는 상당한 차이가 있다는 점을 기억하라. 앞서 설명한 드라마 〈섹스 앤 더 씨티〉와 〈프렌즈〉처럼 뉴욕 등의 개방적인 지역에 한정된 스토리로 전개되는 경우가 많다.

남성이 여성에게 접근하는 방식도 실제와 차이가 있다. 한국에서는 처음 보는 이성에게 용기를 내 다가가서 자신을 소개하는 경우가 있다. 초면이라도 '필이 오는 사람'이라면 접근해도 사회적으로 큰 문제가 되지 않는나. 히지만 미국에서는 초면에 갑자기 접근하면 몹시 당황한다. 드라마 〈프렌즈〉를 보면 이런 양상을 쉽게 이해할 수 있다. 미국 문화에서는 서로 아는 사람끼리 일정한 순서로 '돌아가면서' 사귀는 경우가 있다. 한국처럼 길거리에서 처음 만나서 연인 관계로 발전하는 길거리 커플은 드물다.

미국인은 자신의 교제권 내에 있는 검증된 사람과의 교제를 선호한다. 첫 데이트 전에 이미 상대방에 대한 기초적인 정보를 입수할 수 있기 때문이다. 관심 있는 이성의 장단점을 어느 정도 파악한 상태에서 데이트 여부를 결정한다. 이처럼 미국인과 사귀기 위해서는 상대방이 소속된 교제권에 들어가는 것이 매우 중요하다.

일단 교제권 안에 들어가면 대인 관계가 원만해야 한다. 미국인은 다른 사람들의 객관적인 평가에 귀를 잘 기울인다. 자신을 대하는 태도뿐만 아니라 주위 사람에 대한 태도도 평가 대상이 된다. 자신에게 어떻게 대하느냐에 상대적으로 더 큰 비중을 두는 한국 문화와는 다르다.

비밀 연애

미국 문화는 직선적인 측면이 있지만, 남녀 관계에서는 의외로 보수적이다. 남자가 여자에게 데이트를 신청하거나 사귀자고 할 때 어떻게 표현할까? 의외로 미국인들은 직설적인 질문을 하지 않는다. 한국처럼 연인 또는 친구끼리 관계를 명확히 묻지도 따지지도 않는다. 미국 문화에서는 말이 아닌 행동으로 관계가 자연스럽게 성립된다고 보기 때문이다.

"너, 나랑 사귈래?"

한국 여성은 신중한 남성, 다시 말해서 항상 무언가를 고민하는 듯한 '진지남'을 선호한다. 이성 관계를 시작할 때도 진지하게 고백해야 한다. 그렇지 않으면 연인이 되기 힘들다. 오히려 "우린 무슨 사이야?"라는 여성의 돌직구를 맞는 경우도 있다. 미국 문화에서는 흔치 않다. 비슷한 영어 표현을 찾기도 힘들다. '사귀다'는 주로 go out이나 go steady라는 표현을 쓴다. go out의 경우, '밖으로 나가다'의 뜻으로 오해할 수 있다. 반드시 전치사 (with)와 함께 써야한다.

"당신은 **나와 함께** 데이트하길 원합니까?"
(Do you want to go out **with me**?)

'go steady'의 경우는 남녀 당사자 간에 쓰이는 표현이다. steady는 '흔들리지 않고 꾸준하다'라는 의미이다. '정해진 이성과 교제하다'라는 표현이다. 흔들리지 않고 둘이서만 만나자는 독점적인 관계(exclusive relationship)를 서로 약속하는 것이다. 한국식 일방적인 제안과는 미묘한 차이가 있다. "너, 나랑 사귈래?"는 묻는 사람이 동시에 여러 명에게 질문해도 논리적인 문제가 없다. 두 사람 간의 관계를 의미할뿐, 미국처럼 '독점적인' 관계를 의미하지는 않는다.

한국과 미국의 문화에서 교제 방식의 차이가 있다. 한국은 저격수, 미국은 사냥꾼 방식이라고 볼 수 있다. 저격수는 소리가 나지 않는 소음총을 사용한다. 커플 선언 직전까지 교제 사실을 비밀로 한다. 주위에 있는 사람들이 전혀 모르게 만난다. 극비리에 진행되다 보니 선의의 피해자가 생기기도 한다. 반면 사냥꾼은 큰소리와 함께 총알이 사방으로 튀는 산탄총을 쓴다. 탕하는 소리와 함께 주위 사람들에게 처음부터 교제 사실을 알리는 공개 연애 방식이 일반적이다. 한 명의 이성을 놓고 서로 대놓고 경쟁하는 구도가 형성되기도 한다.

2004년도 영화 〈누구나 비밀은 있다〉에서는 한 남자를 놓고 세 자매가 경쟁을 벌인다. 2000년도 〈어바웃 아담(About Adam)〉이라는 영국 영화를 리메이크한 국내 작품이다. 할리우드에도 비슷한 시놉시스를 가진 영화가 있다. 1995년도 영화 〈가을의 전설(Legands of the Fall)〉은 삼 형제가 한 여자를 사랑하는 이야기이다. 세 명이 한 명의 이성을 사랑한다는 점이 공통점이다. 차이점도 있다. 동시다발적인 애정 행각을 다룬 영화 〈누구나 비밀은 있다〉에서는 서로 얽힌 관계를 전혀 알지 못한다. 주인공 최수현(이병헌)은 세 자매를 저격수 방식으로 한 명씩 은밀하게 접근한다. 한 남자가 동시에 '세 다리'를 걸치는 셈이다.

반면 영화 〈가을의 전설〉에서는 삼 형제가 서로 일정 기간의 시차를 두고 '돌아가면서' 교제한다. 막내의 약혼자, 둘째의 연인, 첫째의 부인이다. 서로 다른 형제들이 같은 여자를 좋아한다는 사실을 잘 알고 있다. 영화 〈가을의 전설〉은 배우 브래드 피터의 전성기 외모가 부각된 작품으로 유명했지만, 내용 면에서는 국내 반응은 그리 좋지 않았다. 영화 제목도 논란이 있었다. 한국어 제목에는 계절 가을(autumn)로 홍보됐으나, 원제에서는 인간의 타락(the Fall)이라는 성경적 의미를 가진다. 넓게 해석하면 가을과 타락이 모두 포함된 '중의적인' 표현으로 볼 수 있다. 영화 내용을 보다 정확히 표현한다면, 〈타락의 주인공들〉이 아닐까 쉽다.

II

미국 문화 살펴보기

상대방과 대화를 할 때, 언어적 요소와 비언어적 요소가 모두 사용된다. 비언어적 요소에는 몸으로 메시지를 전하는 보디랭귀지가 포함된다. 보디랭귀지는 외국어와 함께 쓰일 때 주의해야 한다. 같은 제스처도 문화권에 따라서 다르게 해석될 수 있기 때문이다. 부적절한 보디랭귀지 사용은 불필요한 오해를 불러일으킬 수 있다.

1. 보디랭귀지에 강약을 둔다

앤 헤서웨이는 전화를 받지 않는다

2006년도 영화 〈악마는 프라다를 입는다(The Devil Wears Prada)〉는 뉴욕 최고의 패션 매거진 '런웨이'에 입사한 편집장 비서 앤드리아(앤 해서웨이)의 고군분투 직장생활을 다룬다. 저널리스트의 꿈을 이루기 위해서 딱 일 년만 버티려고 하지만, 편집장 미란다(메릴 스트립)의 24시간 갑질로 하루도 편할 날이 없다.

주인공 앤드리아(앤디)는 남자 친구 네이트와 헤어질 위기를 맞는다. 앤디가 자신에게 말도 하지 않고 파리 출장을 간다는 사실에 격분한 그는 헤어지자고 폭탄선언을 한다. 휙 돌아서 어둠 속으로 뚜벅뚜벅 걸어가기 시작한다.

"네이트!"
(Nate!)

충격을 받은 앤디는 그의 이름을 애절하게 외친다. 때마침 핸드폰 벨이 요란하게 울린다. 그녀의 보스 미란다의 전화다.

"미안해. 잠깐만!"

(I'm sorry. Just one second!)

앤디의 이 말이 네이트의 분노를 다시 폭발시킨다. 잠시 감정을 추스린 그는 앤디에게 최후통첩을 한다. 마지막 말을 남기고 어둠 속으로 사라진다. 둘 만의 대화 중에 걸려온 핸드폰을 받은 것이 이별의 결정적인 계기가 된 것이다.

"너에게 전화를 하고 네가 항상 받는 사람이 너와 관계를 갖는 거야."

(The person who calls you and you take all the time. That's the relationship you are in.)

미국에서는 다른 사람과 이야기하는 중에 전화를 받지 않는 것이 예의다. 어떤 사람과 단둘이서 이야기를 나눈다는 의미는 그 상대에게 백 퍼센트 집중한다는 뜻이다. 미국 문화에서 프라이버시는 '독점적인' 관계를 의미한다. 독점 계약, 독점 기사 등에서 쓰이는 단어 exclusive는 '못 들어오게 하다'라는 뜻이다.

영화 〈악마는 프라다를 입는다〉의 이별 장면을 다시 살펴보자. 네이트와 앤디는 두 사람 만의 독점적인 대화를 하고 있었다. 그것도 이별이라는 심각한 주제에 대해서. 갑자기 앤디가 미란다의 전화를 받자 둘 만의 독점 관계는 깨졌다. 네이트는 더 이상 자신이 앤디와 대화를 할 수 없자 격노한다. 앤디와의 대화에서 밀려났다고 느꼈기 때문이다.

가족 사이에서도 마찬가지다. 앤디가 아버지와 저녁식사를 하는 도중에 전화가 걸려 온다. 이번에도 '워커홀릭' 미란다의 전화이다.

"제 직장상사예요. 미안해요. 꼭 받아야 해요."
(This is my boss. I'm sorry. I have to take this.)

이해심이 많은 아버지는 괜찮다며 전화를 받으라고 애써 너그러운 제스처를 보인다. 하지만 통화가 길어지면서 딸과의 대화에서 자신이 배제되는 느낌이 들자, 그의 얼굴은 서서히 굳어지기 시작한다. 미국 문화에서는 가족 간에서도 둘 만의 대화 중에는 핸드폰을 받지 않는 것이 예의이다.

먼저 내밀지 않는다

세계적으로 흔한 인사법 가운데 하나는 악수이다. 영어로 핸드세이크 (handshake)이다. '손을 잡아 흔들다'라는 뜻이다. 앵글로 색슨계 민족이 나눈 인사법으로 알려져 있다. 악수에는 엄격한 규칙이 있다. 한 손으로 상대의 손을 지그시 잡고 눈을 쳐다보면서 두세 번 가볍게 흔든다. 동양인의 경우, 악수할 때 시선 처리에 부담을 느낀다. 유교 문화권에서는 상대방, 특히 연장자의 눈을 마주 보는 것은 실례로 여겨지기 때문이다. 15도 가량 시선을 낮추면서 악수한다. 미국인과 악수할 때 상대방의 눈을 피하면 자신에게 무언가를 숨기고 있다고 오해할 수 있다.

미국 문화에서는 나름대로 엄격한 규칙이 적용된다. 예를 들어 같은 성별끼리는 갑이 을에게 먼저 악수를 청한다. 손윗사람이 손아랫사람에게, 선배가 후배에게, 기혼자가 미혼자에게 먼저 손을 내민다. 갑을 관계가 어긋나면 불쾌하게 느낄 수 있다. 왼손은 불결한 손으로 여겨지기 때문에 반드시 오른손이어야 한다. 여성은 장갑을 낀 채로 해도 괜찮지만, 남성은 장갑을 벗는 것이 원칙이다. 악수를 하면서 고개를 숙이지 않고, 상대의 눈을 바라보아야 한다.

이성끼리는 악수를 하지 않는 것이 일반적이다. 여성이 먼저 손을 내밀 경우에는 남성이 악수를 해도 되지만, 절대로 남성이 먼저 손을 내밀지 않는다. 이 점은 한국과 상당히 다르다. 2009년도 MBC 드라마 〈내조의 여왕〉에서는 대학 시절 퀸카였던 천지애(김남주)가 서울대 의대에 재학생이던 온달수(오지호)와 결혼한다. 그녀의 장밋빛 기대와는 달리 온달수가 의대를 중퇴하고 회사생활도 적응하지 못하자, 내조에 집중하면서 생기는 해프닝을 소재로 한다. 재벌 2세인 태봉 씨(윤상현)가 부하 직원의 부인 천지애에게 악수를 청하는 장면이 나온다. 국내에서는 남자가 여자에게 악수를 청해도 크게 예의에 어긋나지 않는다. 미국인을 만날 경우 주의하자. 미국 여성에게 먼저 손을 내밀면 에티켓이 없는 사람으로 낙인 찍힐 수 있다.

이성 간에는 악수 방식도 신경을 써야 한다. 정도에서 어긋나게 행동하는 경우 성희롱으로 오해받기 십상이다. 예를 들어 검지로 상대방의 손바닥을 간질이는 경우 성적 관심을 연상시킨다. 상하가 아닌 좌우로 손을 흔들 경우에도 불쾌한 반응을 보일 수 있다.

할 때마다 잰다

여성끼리는 포옹으로 악수를 대신한다. 영어로는 허그라고 하며, 일반적인 허그와 로맨틱 허그로 구별된다. 허그는 상대와 어깨를 가볍게 접촉할 뿐 다른 부위를 맞대지 않는다. 친근감의 표시로 등을 톡톡 두들겨주기도 한다. 로맨틱 허그는 어깨부터 하체까지 모든 부위를 접촉하며, 상대방이 숨이 막힐 정도로 꽉 껴안는 것이다. 우리말로는 뜨거운 포옹이다. 가슴이 맞닿는 경우는 로맨틱 허그로 본다.

허그는 미국 여성이 친근감을 표시하는 방법이다. 상대방도 허그를 제대로 받아야 한다. 만약 어색한 표정을 짓거나 거부하는 느낌을 주면 상대방이 당혹스러워 할 수 있다. 일반 허그를 하려는데 너무 흥분해서 상대방을 꽉 껴안는 로맨틱 허그를 하면 불필요한 오해를 살 수 있다.

2. 마초맨 전성시대

왜 자꾸만 친구의 여자가 좋을까?

영어를 배우기 시작할 무렵 영국과 미국 문화는 상당히 비슷할 거라는 선입견에 빠지기 쉽다. 역사적으로 영국 사람이 미대륙으로 건너가서 미국 사회의 주류를 이루었기 때문이다. 그럼에도 불구하고 두 나라의 문화와 언어 차이를 느낄 때가 무척 많다. 특히 발음의 차이가 상당히 크다. 상대 국가의 발음에 대해 이중 잣대를 가지고 있다. 예를 들면, 미국 남자는 영국 남자가 '계집애처럼 말한다'고 하며, 미국 여자는 영국 여자가 '너무 도도하다'고 말하는 등 다소 부정적으로 보는 경우가 있다. 반면, 이성에 대해서는 호감을 나타내기도 한다. 미국인들은 영국식 발음을 하는 이성을 '지적으로' 보는 경향이 있다.

"사랑은 실제로 어디에나 있다."
(Love actually is all around.)

2003년도 영국 영화 〈러브 액츄얼리(Love Actually)〉 도입부에서 주인공 휴 그랜트가 한 내레이션이다. 이 영화에서 영국과 미국의 남녀 데이트 문화의 차이점을 확실히 볼 수 있다. 영화 〈러브 액츄얼리〉는 로맨틱 코미디 작품으로서 국내에서 선풍적인 인기를 끌었다.

"저에게 당신은 **완벽해요**."
(To Me, You are Perfect.)

당시 〈싸이월드 미니홈피〉의 대문에 팻말을 들고 있는 남자 주인공의 사진이 많이 걸려 있었다. 한국과 달리 미국에서는 이 영화에 대한 호응이 거의 없었다. 미국 언론은 이 영화에 대해 거의 언급하지 않았다. 미국 쇼핑몰의 DVD 판매점에서 찾지도 못했다. 천신만고 끝에 중국인 친구를 통해서 어렵게 입수했다. 중국인 친구는 뉴욕 차이나타운에 갔다가 길거리에서 '중국어 자막'판을 우연히 발견했고, 마침 내 생각이 나서 구입했다고 전했다.

영화를 보고 약간 의아해졌다. 소문 난 잔치에 먹을 것이 없다! 의외로 별로 재미가 없었다. 아마도 미국에서 긴 세월을 보내면서 미국 문화에 동화되어 그랬는지도 모른다. 영미 문화의 차이는 분명해 보였다. 남자 주인공 마크는 제일 친한 친구 피터의 약혼녀 줄리엣(키아라 나이틀리)을 짝사랑한다.

"아냐. 이게 아닌데 왜 난 자꾸만 친구의 여자가 좋을까~ ♪"

가수 홍경민의 노래 〈흔들린 우정〉의 가사처럼 우정과 사랑 사이에서 번뇌하던 마크는 결혼식 후에야 줄리엣에게 자신의 숨겨놓았던 진심을 내보인다. 크리스마스 밤에 그녀의 신혼집 문 앞에서.

미국 문화에서는 받아들이기 어려운 설정이다. 미국인 관점에서는 제 감정을 제어하지 못하고 우발적인 행동을 한 마크는 '가정 파괴범'에 가깝다. 신랑의 베스트 프렌드였던 그는 자신의 감정을 감추면서 자신을 속였고, 신부에게 자신의 감정을 뒤늦게 드러내면서 피터를 배신한다. 이런 이야기를 하면 대부분의 한국 친구들은 이상한 소리를 한다고 매우 언짢아한다. 유럽 스타일의 아름다운 사랑이라고. 국내 정서와는 모르나 미국인들은 아마 나와 격하게 공감할 것이다. 가수 홍경민의 노래 〈흔들린 우정〉의 마지막 소절에 공감이 간다.

"왜 난 고민할 가치도 없는 일을 이렇게 고민하고 있는지!~♬"

샤워하면서 노래하지 않는다

한국에서는 가수의 노래를 따라 부를 때 성별 구분 없이 부른다. KBS 〈개그콘서트〉 등의 개그 프로그램에서 여장을 한 남자 개그맨을 쉽게 볼 수 있으며, 성대모사까지 한다. 미국에서는 가수의 성별에 신경을 쓴다. 동성 가수의 노래는 따라 부르지만, 이성의 노래는 잘 듣지 않고 다른 사람 앞에서 부르지 않는다. 이런 성 구별은 가수뿐만 아니라 영화배우 등의 모든 엔터테이너에게 적용된다.

"저는 남자에 **관심**이 없습니다."
(I am not interested in men.)

오해를 불러일으키기 쉬운 콩글리시 표현이다. 관심(interest)은 앞뒤 문맥에 따라서 '성적'인 관심으로 해석될 수 있다. 한국인은 자신이 진지한 이성 관계에 관심이 없다고 표현할 때 여성인 경우, "I am not interested in men."이라고 표현하는 경우가 종종 있다. 상대방도 여성일 경우 자신에게 커밍아웃하는 것으로 여길 수 있다. 굳이 진지한 이성 관계를 원치 않는다고 말하려면, 관심이 아니라 관계(relationship)라는 단어를 써야 한다.

"나는 진지한 **관계**를 위한 준비가 안됐습니다."
(I'm not ready for serious relationship.)

마지막으로 스킨십에 주의하라. 미국 문화에서는 동성 간의 피부 접촉을 이상하게 보는 경향이 강하다. 몸이 살짝 스치기만 해도 몹시 불쾌하게 여긴다, '초대받지 않는(uninvited)' 스킨십은 절대 사절한다.

"실례합니다!"
(Excuse me!)

큰소리로 외치는 미국인을 보면, 오히려 이런 말이 떠오른다.

"나한테 손대지 마세요!"
(Don't touch me!)

국내에서 가장 놀라웠던 것이 남자끼리 대낮에 손을 꼭 붙잡고 길거리를 활보하는 모습이었다. 미국 거리에서는 상상하기 어려운 일이다. 남자끼리의 신체 접촉을 매우 기분 나쁘게 생각한다. 예외적으로 스포츠를 같이 하는 운동선수인 경우에는 상당한 접촉이 허용되지만, 일반인 사이의 초대받지 않은 접촉은 화를 부를 수도 있다.

오빠, 이 옷 어때요?

2000년대 초반 미국의 젊은 층에서 '마이 스페이스(My Space)'라는 웹서비스가 유행했다. 국내의 〈싸이월드 미니홈피〉와 비슷한 것으로 친구끼리 개인정보 및 사진을 공유하는 가상 커뮤니티 서비스다. 한국에서는 세계(world)라는 단어를 쓴 반면, 미국에서는 공간(space)을 사용했다. 개개인의 공간을 존중하는 미국 문화의 단면을 보여주는 사례가 아닐까 한다.

미국 문화에서는 다른 사람과의 접촉을 최소로 줄이려는 경향이 강하다. 개인적인 공간에 다른 사람이 얼마나 접근하도록 허용하느냐는 상대방과의 친밀도 및 신뢰도에 따라 다르다. 이런 사회적 거리는 문화권마다 달리 인식된다. 유럽 내에서도 적정한 거리가 지역별로 다르다. 북유럽에서는 개인의 공간을 더 넓게 인식하고, 남유럽에서는 상대적으로 좁게 인식하는 경향이 있다.

미국 쇼핑몰에 가면 여성의 옷을 사러 온 남녀 커플을 볼 수 있다. 여성이 탈의실에 들어가면 남성이 입구 근처에도 가지 않는다. 2~3미터쯤 멀

찌감치 떨어져서 기다린다. 탈의실 쪽으로 시선을 돌리지도 않는다. 옷에 대해서 별다른 언급을 하지 않는다. 여성의 옷은 여성이 더 잘 고른다는 고정 관념이 강한 듯하다.

동양인 커플은 상당히 다르다. 여성이 마음에 드는 옷을 고르면 남성이 옷에 대해 품평을 하고 심지어 여자 탈의실 안까지 아무 거리낌 없이 따라 들어간다. 이런 모습에 인상을 찌푸리는 미국인이 많다. 여자 탈의실에 불쑥 들어온 동양 남자를 보면 미국 여자들은 매우 불쾌해하며 당장이라도 경찰서에 신고할 성싶은 눈총을 보낸다. 미국인은 남녀의 역할 구분에 민감하다. 미국에서는 남자가 여자의 옷을 입는 것을 '크로스 드레싱(cross dressing)'이라고 부르며 일종의 변태 행위로 취급한다. 이와 연장선상에서 남자가 여자 탈의실에 들어가는 것 자체를 무척 꺼린다.

여기에서 퀴즈 한 문제를 풀어보자. 다음 중 화장실을 나타내지 않는 영어 단어는 무엇인가?

1. Toilet
2. Bathroom
3. Restroom
4. Lavatory

답은 없다. 네 단어 모두 화장실을 뜻한다. 미국 문화의 철저한 남녀 공간 구분은 화장실에도 적용된다. 미국에서는 '목욕하다'의 뜻의 배쓰룸(bathroom)을 잘 쓰지 않는다. 레스트룸(restroom) 혹은 성별을 구별해서 맨

즈룸(men's room) 또는 레이디스룸(ladies' room)이라고 부른다. 남녀 화장실을 물리적으로 멀리 분리하는 미국과 달리 국내에서는 남녀 화장실 입구가 가까이 붙어 있는 경우가 많다. 남녀가 함께 와서 들어가기 편하도록 설계되어 있다. 심지어 입구들이 너무 가까워서 상대편 화장실 내부가 훤히 들여다보이는 민망한 경우도 있다.

영어에서는 화장실을 다양한 이름으로 부른다. 국내 표시판에 가장 많이 사용되는 것은 토일렛(toilet)이다. 바로 '변기가 있는' 변소다. 영국에서는 평민이 사용하는 표현이다. 영국 왕실의 윌리엄 왕자와 결혼한 케이트 미들턴은 2001년 플랫메이트(flatmate: 같은 층에 함께 사는 사이)로 처음 만났다. 미들턴은 왕자의 어머니 다이애나 비처럼 세계의 패션 아이콘으로 자리를 잡았다.

윌리엄 왕자와 미들턴은 헤어졌다가 다시 만났는데, 2007년 4월 26일자 《인터내셔널 헤럴드 트리뷴(International Herald Tribune)》의 기사에 따르면, 그 이유가 바로 토일렛이라는 단어 때문이라고 한다. 케이트의 어머니는 승무원 출신으로 왕실 파티에서 고급 단어인 래버토리(lavatory)가 아니라 토일렛을 써서 구설에 올랐다고 전해졌다.

기내에서 토일렛이라고 부르던 것이 습관이 되었기 때문이다. 단어 선정이 큰 문제를 야기할 수 있음을 보여준 사례다. 여기에서 잠깐 단어 정리를 해보자. 토일렛은 변기, 가정집 화장실은 배쓰룸, 공중화장실은 레스트룸, 영국 고급 화장실은 래버토리이다. 토일렛은 변기 자체를 의미해서 영국 왕족들이 경멸하는 단어이고, 래버토리는 룸(room)에 초점을 맞춘다. 볼

일을 보고 손을 씻는 방이라는 뜻이다.

3. 드레스 코드는 적절하게

'코드가 맞다'라는 말이 있다. 뜻이 통한다는 뜻이다. 코드는 신호법, 암호, 컴퓨터 코드 등을 말한다. 코드와 드레스의 합성어인 드레스 코드(dress code)는 복장 규정을 의미한다. 미국에서는 남녀노소 누구나 청바지를 즐겨 입는다. 청바지는 미국 문화를 대표하는 상징적인 문화 코드다. 청바지를 좋아한다고 해서 미국인이 항상 편하게 입는 것은 아니다. 오히려 복장 규정을 엄격하게 지키는 경향이 있다.

'정장을 차려 입다'라는 표현은 드레스 업(dress up)이고, '편한 차림을 하다'는 드레스 다운(dress down)이다. 두 표현 모두 문맥에 따라서 부정적으로 쓰일 수 있다. 편하게 입고 모이는 장소에 드레스 업을 하면 지나치게 치장을 한다는 의미이다. 정장이 필요한 곳에서 드레스 다운을 한다면 아무 옷이나 막 입고 온다는 뜻이다. 미국 문화에서는 목적에 알맞은 복장을 중요시한다. 일반적으로 미국 남자는 평생 턱시도를 몇 번 입지 않는다. 고등학교 졸업 무도회인 프롬(prom)에서 처음 턱시도를 입고 리무진을 탄다. 그 후 자신의 결혼식과 자녀의 결혼식 때 예복으로 입는다. 평상시에는 청바지에 면티를 입다가도 그날들 만큼은 제대로 차려입는다.

택배는 뒷문입니다

영화 〈악마는 프라다를 입는다〉에서 편집장 미란다(메릴 스트립)가 비서 후보 앤드리아(앤 해서웨이)에게 한 첫 질문은 그녀의 이름이나 전공이 아니었다.

"너는 여기에 왜 있니?"
(Why are you here?)

앤드리아가 뉴욕에서 멀리 떨어진 시카고 시내에 위치한 노스웨스턴대학교 출신으로, 장래 희망이 저널리스트이기 때문이다. 그녀는 "할머니 옷"을 입었다며 놀림 받을 정도로 고급 패션 잡지사의 사람들과 취향이 다르다. 세계 패션의 중심지 뉴욕에서 가장 큰 패션 잡지의 사장 비서에게는 그 위치에 적합한 드레스가 필요하다. 일반적으로 미국인이 드레스 코드에 신경 쓰지 않는 것 같지만, 필요시에는 철저히 지킨다.

1990년대부터 미국 로펌에서는 복장 자유화가 도입되었다. 변호사들이 정장 차림으로 근무할 필요가 없게 되자, 캐주얼한 차림으로 출퇴근을 한다. 클라이언트와 회의할 때만 정장으로 갈아입기 위해 사무실에 양복과 넥타이를 비치해둔다. 문제는 복장 자유화가 변호사에게만 적용된다는 사실이다. 클라이언트 또는 방문객에게는 예전과 마찬가지로 드레스 코드가 적용된다. 복장에 따라서 다른 대우를 받게 된다.

어느 여름날 워싱턴 D.C.의 케이 스트리트(K street)에 있는 대형 로펌에 친구 변호사를 만나러 간 적이 있다. 케이 스트리트는 워싱턴 D.C.에 대기업과 대형 로펌이 모여 있는 중심 거리이다. 상당히 더운 날씨에 넥타이도 양복 상의도 없이 셔츠만 입고 1층 리셉션 데스크로 갔다. 셔츠 차림으로 방문한 내가 처음 들은 말은 예상 밖이었다. 나를 아래위로 훑어본 직원은 시선도 제대로 마주치지 않고 말했다.

"배달은 뒷문입니다!"
(Delivery is backdoor!)

이런 변호사를 배달 기사로 오해하다니! 미국 로펌의 드레스 코드가 직원과 외부인에게 계속 적용된다는 사실을 깨달았다. 그 다음부터는 로펌에 방문하는 경우 아무리 날씨가 더워도 꼭 양복 정장에 넥타이를 맸다.

내 컴퓨터도 수리해 주세요

미국의 회사 또는 정부 기관에는 일주일에 한 번 또는 한여름 기간동안 자유로운 복장으로 출근할 수 있는 이를 '드레스 다운 데이(dress down day)'가 있다. 항상 정장 차림으로 출근하더라도 이 날은 캐주얼 차림이 허용된다. 소수 민족은 드레스 다운 데이에도 정장 차림일 때가 많다. 너무 편하게 입고 다니면 별 볼일 없는 사람으로 생각하는 경향이 있기 때문이다.

2002년 당시 워싱턴 D.C.의 미연방통신위원회(FCC)에서 인턴으로 일하고 있었다. 당시 FCC 위원장은 걸프전의 영웅으로 이름을 날렸던 콜린 파월의 아들이었다. 당시 미국 언론은 콜린 파월이 과연 차기 대선에 첫 번째 흑인 대통령 후보로 출마할 것인가에 대해서 심도 깊게 다루고 있었다. 인턴이었지만, 위원장 사무실에 있던 만큼 위원회 안에서는 대우가 좋은 편이었다. 드레스 다운 데이에 넥타이 없이 친구 사무실 문에 비스듬히 기대어서 잠시 담소를 나누고 있었다. 나를 보고 지나가던 엔지니어가 웃으면서 말을 걸었다.

"당신은 컴퓨터 수리공이 분명하군요. 그의 컴퓨터를 수리한 후에 제 것도 수리해 주세요."

(You must be the computer guy! Please repair my computer after his.)

그 말이 끝나자마자 우리의 얼굴은 동시에 구겨졌다. 동양인이 컴퓨터를 잘 다룬다는 선입견 때문에 생긴 해프닝이었다. 잠시 후 사태를 파악한 엔지니어는 조용히 우리의 시선에서 사라졌다. 넥타이를 안 매고 온 값을 톡톡히 치른 하루였다.

4. 색깔로 구분한다

미국 이민을 신청한 후 인터뷰를 통과하면 영주권을 받게 된다. 미국 영주권은 "그린카드(Green Card)"라고 불리는데 표지 색상에 따른 명칭이다. 그린카드는 외국인에게 큰 의미가 있는 중요한 서류이다. 이것이 있으면 미국에서 자유롭게 취업 활동을 할 수 있다. 공식 명칭은 '미합중국 영주권 카드(United States Permanent Resident Card)'인데, 너무 길어서 제대로 읽기도 힘들다. 이처럼 영어에서는 어려운 표현보다는 쉬운 표현이 자주 사용된다.

내 얼굴에 뭐 묻었니?

1991년 봄 미국 미시간주립대학교에서 경제학 수업을 들었다. 미국에 유학을 온 지 1년 남짓 밖에 안 되어서 빠르게 말하는 교수의 말을 필기하기가 어려웠다. 당시 노트 필기를 매우 잘하는 홍콩 친구와 함께 수업을 들었다. 수업 시간에 자주 만나다 보니 자연스레 친해져서 먼저 도착한 사람이 상대방의 자리를 잡아주곤 했다. 어느 날 내가 먼저 도착해서 강의실 중앙에 자리를 잡았다. 홍콩 친구가 다가와서 말했다.

"너 오늘 녹색으로 보인다!"
(You look green today!)

국내에서 배우지 못했던 표현에 당황해서 아무 말도 못했다. 순간 점심으로 먹은 녹색 샐러드가 떠올랐다. '혹시 얼굴에 녹색 양배추 조각이 붙어있었나?' 잠시 고민하다가 내 얼굴을 여기저기 더듬기 시작했다. 내가 당황한 표정을 계속 짓자, 홍콩 친구가 웃으면서 말했다.

"내 말은 네가 오늘 창백해 보인다는 뜻이야."
(I mean you look pale today.)

알고 보니 "You look green."이라고 하면 "너는 녹색으로 보인다."가 아니라 "너의 얼굴이 창백해 보인다."라는 뜻으로 몸이 아프냐는 이야기였다. 문화권마다 기분을 나타내는 색깔이 있다. 파란색과 녹색은 한국에서 주로 긍정적인 의미로 쓰이지만, 영어에서는 사람의 감정을 나타내는 경우 부정적인 의미가 된다. 블루(blue)는 우울하다, 그린(green)은 '얼굴색이 창백하다'는 뜻이다. "I feel blue."라고 하면 "나는 파랗게 느낀다."가 아니라 "나는 우울하다."이다. 블루는 '추위 또는 공포 등으로 창백해 보인다'로 해석되기도 한다. 우리말 표현 '새파랗게 질리다'와 비슷하다. 블루는 긍정적 의미의 '파랗다'와 부정적 의미의 '새파랗다'로 해석될 수 있다.

레드(red)는 행동의 진행을 의미한다. 문법책에 나오는 현재 진행형 공식 ~ing와 같은 개념이다. 레드 핸드(red hand)라는 표현도 있다.

"그는 범행 도중에 잡혔다."
(He was caught red-handed.)

레드는 '피에 물들다, 노여움 · 부끄러움 등으로 빨개지다'라는 뜻도 있다. 레드 핸드는 '피 묻은 손'이고 "He turned red with anger."는 "그는 화가 나서 얼굴이 빨게졌다."리는 뜻이다. 우리말 표현 '얼굴이 새빨갛게 변했다'와 비슷하다. 레드 역시 긍정적 의미의 '빨갛다'와 부정적인 의미의 '새빨갛다'로 해석될 수 있다.

선한 거짓말은 없다

미국에서 흑백 표현은 주의해야 한다. 흑백 텔레비전과 흑백 영화 등 "블랙 앤 화이트(black and white)"로 함께 사용할 경우에는 중립적으로 쓰인다. 반면 흑과 백을 따로 부를 때에는 인종 차별적인 뉘앙스를 풍길 수 있다. 백을 좋은 의미로, 흑을 나쁜 의미로 쓸 경우, 흑인들이 거부감을 많이 느끼기 때문이다.

영어에서는 거짓말에도 색깔을 붙인다. '새빨간' 거짓말이라는 한국어를 직역해서 red lie라고 말하면 제대로 알아듣지 못한다. 영어에서는 악의가 있는지 없는지를 흑백으로 구별하기 때문이다. 상대방에게 피해를 주지 않는 선의의 거짓말은 화이트 라이(white lie), 악의가 실린 거짓말은 블랙 라이(black lie)라고 부른다. 블랙메일(blackmail)이 공갈과 협박을 뜻하는 등 블랙은 흔히 부정적인 의미로 사용된다. 흑백 구분은 인종 차별의 의미가 다분히 내포되어 있어서 미국 흑인들은 이런 표현을 불쾌하게 느낀다.

미국에서 흑인을 부르는 방법은 여러 가지가 있다. 니그로(negro)라는 명칭은 흑인 노예를 의미하기 때문에 절대로 사용하면 안 된다. 할리우드 영화에서 백인이 흑인에게 시비를 걸 때 자주 쓰는 단어다. 니그로는 라틴어에서 유래한 말로, 원래 블랙과 같은 뜻이라서 라틴어 계통인 스페인어에서는 검정색으로 사용된다. 흑인에 대한 가장 일반적인 호칭은 블랙(black)이며, 조금 더 수준 높은 표현은 미국계 흑인(African American)이다. 미국계 흑인은 미국 태생 흑인뿐 아니라 외국에서 온 흑인 모두를 포함한다.

걸프전의 영웅 콜린 파월은 외국 태생 미국계 흑인이다. 아버지 부시 대통령 시절, 미국 역사상 최초의 흑인 합참의장으로서 걸프전을 승리로 이끌었고, 아들 부시 행정부 1기 때 최초의 흑인 출신 국무장관을 역임했다. 백인들의 지지도가 높은 반면에 흑인 사이에서는 상대적으로 지지도가 떨어진다. 미국에서 '백인에게 인기 좋은' 흑인 스타일이다. 대표적인 예가 바로 미국 최초의 흑인 대통령으로 당선된 버락 오바마이다.

전화번호부가 누렇게 바랬어요

영어에는 사물을 색깔로 부르는 경우가 있다. 앞서 설명한 그린카드처럼 공식 이름이 있어도 길고 외우기 어려운 경우에는 짧고 친근한 색깔로 부른다. 미국 사람들은 전화번호부를 텔레폰 북(telephone book) 또는 폰 북(phonebook)이 아니라 "옐로 페이지(Yellow Pages)"라고 부른다. 미국의 모든 호텔의 침대 옆 협탁에는 두 종류의 책이 비치되어 있다. 바로 성경과 옐로 페이지다.

옐로 페이지는 말 그대로 노란 종이에 인쇄된 책이다. 지역 사회에 대한 다양한 정보(레스토랑 정보 등)를 수록하고 있기 때문에 미국 전화번호부이자 상업 명부이며, 모든 여행자가 읽게 되는 필독서다. 1883년 와이오밍 주의 인쇄소에서 흰 종이가 부족해 노란 종이에 전화번호부를 인쇄한 것이 시초로 알려져 있다.

동사 옐로(yellow)는 '시간이 흘러서 누렇게 바래다'라는 뜻이므로 옐로 페이지는 오래된 종이라는 의미다. 옐로 페이지의 로고인 "워킹 핑거 (Walking Fingers)"는 미국 전 지역에서 사용되는 이미지이다. 검지와 중지를 벌려 두 다리 모양으로 사람이 걷는 흉내를 낸다.

미국의 비상업용 전화번호부는 "화이트 페이지(White Pages)"라고 불린다. 특정 지역에 거주하는 전화 서비스 가입자를 찾는 경우에 사용된다. 가입자가 원하는 경우 화이트 페이지에 실리지 않을 수도 있는데, 이를 언리스티드 넘버(unlisted number)라고 한다.

5. 숫자로 부른다.

미국인들은 숫자를 즐겨 사용한다. 반복해서 사용하는 문서를 숫자로 표시하고, 병명도 불필요한 오해 또는 피해를 막기 위해서 숫자로 부른다. 숫자 표현은 이름이 비슷한 사람들을 구분하는 방법으로 이용된다. 누구 누구의 몇 세라는 표현이 종종 사용된다. 미국의 정치 명문 부시 가문에서는 두 명의 대통령이 배출되었다. 아버지인 조지 H. W. 부시는 제41대 미국 대통령, 아들인 조지 W. 부시는 제43대 미국 대통령이다. 그렇다면 이 부자는 서로 어떻게 부를까?

아버지 부시는 아들을 '포티쓰리(43)'라고 부르며, 아들 부시는 아버지를 '포티원(41)'이라고 부른다고 한다. 두 명 모두 부시 대통령(President Bush)이기 때문에 혼선을 피하기 위해서 숫자를 사용한다는 후문이다. 부시 부자 사이에 낀 제42대 미국 대통령 빌 클린턴은 '포디투(42)'리고 불리지 닪는다. 만약 그의 부인인 힐러리가 오바마 대신 민주당의 대통령 후보로 선출된 후 제44대 미국 대통령이 되었다면 부부 사이에 '포티투(42)'와 '포티포(44)'라고 불렀을지도 모른다. 그럴 경우, 두 명 다 클린턴 대통령(President

Clinton)이기 때문이다.

저스틴 팀버레이크는 찢었다

숫자는 직설적인 표현을 쓰기 어려울 경우 사용된다. 2004년 2월 1일 텍사스 휴스턴에서 열린 제38회 슈퍼볼(Super Bowl) 경기가 CBS에서 생중계되고 있었다. 하프타임 쇼에 재닛 잭슨과 저스틴 팀버레이크가 함께 춤을 췄다. 재닛 잭슨은 마이클 잭슨의 여동생이고, 저스틴 팀버레이크는 미국의 전설적인 아이돌 그룹 인싱크(N Sync)의 원탑 출신 가수이다. 팀버레이크의 노래〈Rock Your Body〉를 열정적으로 합창하고 있었다.

"왜냐하면 난, 이 노래가 끝날 때쯤 당신을 발가벗겨야 해요."
(Cause I, gotta have you naked by the end of this song:)

마지막 소절이 끝나자마자 팀버레이크가 재닛 잭슨의 옷에서 가슴 부위를 확 찢어버렸다. 재닛 잭슨의 적나라한 모습이 공중파 방송에 9/16초 동안 노출된 이 사건은 흔히 '니플 게이트(Nipple gate)'라고 부른다. '워터게이트(Watergate)'를 떠올릴 정도로, 게이트는 대개 정치적인 스캔들을 일컫는 표현이다.

니플 게이트는 슈퍼볼 경기가 전국적으로 높은 시청률을 올린다는 점을 감안해 보면 상당히 충격적인 사건이다. 재닛 잭슨은 "의복 오작동(wardrobe malfunction)"이라고 해명했지만 논란이 쉬 잦아들지 않았다. 미연방통신위원회(FCC)는 CBS에 55만 달러의 엄청난 벌금을 부과했다. 이 사건 이후 ABC 방송에서는 모든 스포츠 경기에서 5초 지연 방송(5 second delay)을 하기로 결정했고, 미국 사회에는 이 말이 한동안 회자됐다. 니플이라는 껄끄러운 단어 대신 숫자를 사용한 사례다.

니플 게이트와 연관된 동사는 플래쉬(flash)이다. 원래는 '빛을 비추어 번쩍거리게 하다'라는 뜻이지만 속어로는 '다른 사람 앞에서 은밀한 부분을 살짝 보이다'라는 뜻이다. 여자들 앞에서 옷을 벗는 바바리맨의 행동이다. 예전에는 '후래시'가 손전등을 뜻했다. 원래 손전등을 뜻하는 플래쉬라이트(flashlight)에서 라이트가 빠지고 '후래시'라고 쓰인 것이다. 미국에서는 대형 마트에서 "Do you have a flash?"라고 물으면 대개 "You mean flashlight?"라고 반문한다. 단어 flash를 동사로 잘못 쓰면 바바리맨으로 오해받을 수 있으니 주의하라.

동서는 짝수, 남북은 홀수

"75번을 타고 올라가서 496번을 만나서 우회전을 해."
(Take I-75 North and then I-496 East.)

미국에 도착한 지 얼마 지나지 않아 자동차 여행을 마음먹었다. 전국 지도를 펼치고 길을 잘 아는 선배에게 물었다. 왜 도로명이 아닌 도로 번호로 설명하느냐고 물었더니, 더 알아듣기 쉽다고 했다. 미국 도로 번호에는 일종의 규칙이 존재한다. 홀수로 된 도로는 남북으로, 짝수로 된 도로는 동서로 연결된다. 선배의 말은 75번 도로를 타고 올라가서 (Take I-75 North) 496번 도로에서 우회전(Take I-496 East)을 하라는 뜻이었다.

한국에서 "서울에서 부산까지 어떻게 갑니까?"라고 질문한다면, '경부고속도로'라는 도로명으로 설명할 것이다. 사실 경부고속도로의 도로 번호가 1번이라는 사실조차 아는 사람도 많지 않다. 번호가 사용되는 대표적인 경우가 88 올림픽고속도로다. 물론 도로명에 숫자가 들어간 것일 뿐, 공식 번호는 12번이다. 국내에서는 도로명이 더 자주 사용된다.

한국도로공사 홈페이지를 방문해보니, 미국과 흡사한 노선 번호 지정 체계가 이미 있었다. 노선 번호만 알면 도로의 방향과 위치, 규모를 알 수 있었다. 간선 노선의 경우, 남북으로 연결되면 끝자리가 5이고, 동서로 연결되면 끝자리가 0이다. 보조 간선 노선의 경우, 남북으로 연결되는 경우 끝자리는 홀수가 되고, 동서로 연결되는 경우 끝자리가 짝수가 된다. 남북 축은 홀수, 동서 축은 짝수라는 미국식 노선 번호 체계와 비슷하다.

서류 번호가 뭔가요?

미국에서는 복잡한 표현을 숫자로 부르는 경우가 많다. 유학생에게 대학교에서 발행하는 입학 허가서는 USCIS Form I-20이다. 미국대사관에서 비자 인터뷰를 할 때 면접관은 입학 허가서를 줄여서 I-20 Form 또는 줄여서 I-20라고 부른다. 유학생에게 주는 미국 비자는 F-1 Visa라고 부르며 더 짧게 F-1이라고도 한다. 동행하는 배우자에게 F-2 Visa가 부여된다. 아라비아 숫자 1은 학생 본인을, 2는 학생의 배우자를 의미한다. F-1 비자의 공식 명칭은 'Certificate of Eligibility for Nonimmigrant (F-1) Student Status- For Academic and Language Students'이다. 왜 F-1이라고 부르는지 알 법하다. 너무 길기 때문이다.

미국행 비행기를 타면 승무원들이 I-94 카드를 건네준다. 이 카드의 공식 명칭은 출입국기록(Arrival-Departure Record)이다. 국내의 출입국 카드와 같은 것으로, 미국에 도착할 때 입국 심사대에서 스탬프를 찍은 후 여권에 붙여두었다가 출국 심사대에서 회수한다. (2013년부터 I-94는 전자식 자동 입출국 시스템으로 전환됐다.)

유학을 가는 경우에는 I-94에 "D/S"라는 약자를 기입하는데, 이는 Duration of Status의 약자로 학생 신분을 유지하는 동안 체류할 수 있다는 뜻이다. 미국 생활을 하기 위해서는 숫자를 잘 기억해두어야 한다. 다른 서류와 헷갈리면 난처한 상황이 벌어질 수 있다.

H1N1라고 쓰고 돼지라고 읽는다

2009년 4월 멕시코에서 인체, 조류, 돼지 독감 등 네 가지 독감이 새롭게 조합된 새로운 인플루엔자가 발생했다. 미국의 방송 앵커나 세계보건기구(WHO) 담당자는 공식 병명인 '신종 인플루엔자 A(New Influenza A virus)'와 H1N1이라는 약자를 모두 사용했다.

한국에서는 초기에 돼지에서 기원한 인플루엔자 A 바이러스라고 해서 "돼지 인플루엔자" 또는 "돼지 독감"이라고 불렸다. 돼지가 바이러스의 숙주로 오해받으면서 국내 양돈업계의 경제적 피해가 심해지자 공식 병명을 '신종 인플루엔자'로 고쳤고 간단히 '신종플루'라고 불렀다.

미국에서는 부정적 인식을 해소하기 위해서 돼지라는 단어를 포함시키지 않는 H1N1을 주로 사용했다. 만약 돼지고기를 먹으면서 돼지 독감 이야기를 한다면 얼마나 불쾌할까? 돼지고기를 통해 전염되지 않더라도 동물명이 포함된 병명을 쓰는 것은 피하는 게 좋다. H1N1을 "스페인 인플루엔자"라고 부르기도 한다. 스페인에서 처음 발견되었다는 사실에서 비롯된 것이지만, 스페인 사람들이 몹시 불쾌하게 생각할 테니, 이 표현도 되도록 사용하지 않는 것이 좋다.

III

미국 문화 특징을 활용한 영어 회화 방법

누구든 처음 만나면 서먹서먹하다. 말문을 트는 대화의 기술이 필요하다. 먼저 이야기를 시작하기 위해서는 상당한 용기가 중요하다. 이 책의 앞부분에서는 미국 문화의 특징에 대해서 설명했다. 여기에서는 공통 관심사로 말문을 튼 후, 지적 호기심을 자극하고, 칭찬하고, 웃길 수 있는 대화의 기술을 소개한다.

1. 공통 관심사로 시작하라

작은 변화에 주목하라

"넥타이가 멋있네요!"

(Nice tie!)

첫 만남에서 상대방의 액세서리를 유심히 관찰하라. 한눈에 쏙 들어오는 것이 있다면 즉시 칭찬하라. 남성의 경우, 넥타이 또는 핸드폰이 무난하다. 넥타이의 경우, 구체적인 상품명을 언급하는 것보다는 색깔 또는 양복과의 전체적인 조화가 좋다는 말로 시작하라. 문제는 그 다음 단계이다. 일단 상대방의 주목을 끈 후, 매끄럽게 대화를 이어가는 화술이 필요하다.

"당신은 그것을 어디에서 구하셨나요?"

(Where did you get it?)

여기에서 눈여겨볼 점이 있다. 동사 사다(buy) 대신 얻다(get)를 쓰는 것이 낫다. 전자는 돈을 주고 구입하는 경우로 한정지지만, 후자는 선물로 받은 경우 등도 폭넓게 포함된다. 연속적인 대화를 위해서는 넓은 의미를 가진 단어를 쓰는 것이 좋다. 주의할 점이 있다. 넥타이라고 부르면 미국인들이 어색한 반응을 보일 수 있다. 넥타이(necktie)라는 표현 대신에 짧게 타이(tie)라고 부른다.

상대방의 핸드폰도 좋은 이야깃거리이다. 크기, 디자인, 기능에 대해 이야기 나누면 좋다. 최신 모델의 기능에 대한 설명을 해달라고 하면 편하게 이야기를 나눌 수 있다. 애플 아이폰이라면, 다양한 주변 기기 또는 새로운 앱에 대해 설명해 달라고 하면 된다. 상대방에 대한 관심을 표시한 것이기 때문에 점수를 딸 수 있다. 상대의 라이프 스타일에 호감을 나타내면 금방 친해질 수 있다. 지나치게 자세한 질문이나 다른 상품과의 직접적인 비교는 피하라.

상대방이 여성일 경우, 핸드백 또는 펜 등이 좋다. 남성의 넥타이 칭찬처럼 브랜드보다는 디자인 또는 색상에 관심을 표하는 것이 좋다. 예를 들면, 펜이라면 기능성을 강조하고, 어디서 구입했는지까지 물어보면서 자연스럽게 대화를 이어가면 된다. 여성의 옷에 대한 평가는 주의해야 한다. 특히 치마, 바지 등의 하의에 대한 직접적인 언급은 피해야 한다. 성적인 표현으로 오해할 수 있다. 상의와 하의가 잘 어울린다 등 전체적인 옷차림에 대한 칭찬은 괜찮지만 특정한 신체 부위가 연상되는 표현은 실례가 될 수 있다.

출근길 엘리베이터에서 '빨간색' 미니스커트를 입고 꽃단장을 한 직장 동료를 만났다고 가정하자. 첫 번째, 이렇게 말한다면 상대방은 어떻게 반응할까?

"나는 당신의 빨간 치마가 마음에 듭니다."
(I like your red skirt!)

치마가 아무리 잘 어울려도 직설적인 표현은 곤란하다. 오해받기에 딱 좋은 문장이다. 동사 마음에 들다(like)는 상대방에게 심적 부담을 줄 수 있다. 강렬하고 자극적인 빨간색(red)도 주의해야 한다. 두 번째, 감정 동사와 섹시한 빨간색을 빼보자.

"멋진 치마네요!"
(Nice skirt!)

여기에서도 주의할 점이 있다. 잘못하면 여성의 다리에 관심을 보이는 것으로 오해받을 수 있다. 특히 짧은 치마라면 자신도 모르게 눈길이 치마 밑으로 이동할 수 있다. 치마의 색깔 등의 우회적인 칭찬이 좋다.

"멋진 색상이네요!"
(Nice color!)

의류를 쇼핑할 때 색깔을 두고 고민하는 일이 많다. 마음에 드는 디자인과 사이즈여도 색깔 때문에 포기하는 경우도 있다. 색깔 선정을 자신 만의 패션의 완성으로 보는 사람이 많다. 힘들게 고른 색깔을 인정해주는 '센스 있는' 직장 동료가 되어보자.

외모를 칭찬할 때 무난한 것이 헤어스타일이다. 아름답다 또는 예쁘다 등의 직접적인 표현은 이성적인 관심으로 오해할 수 있다. 세세한 변화를 눈여겨 봐주는 관심이 중요하다. 별로 친하지 않는 직장 동료에게 머리가 예쁘다고 하면 불쾌한 느낌을 가질 수 있다. 머리를 칭찬할 경우, 헤어스타일의 '변화'를 언급하는 것으로 충분하다.

"당신은 헤어스타일을 바꾸셨나요?"
(Did you change your hair style?)

대부분의 경우 자신의 노력에 주목해주는 당신에게 감사하는 마음을 가질 것이다. 새로운 헤어스타일이 별로여도 상관없다. 작은 변화(change)에 대해 주목해주는 것만으로도 분위기를 띄울수 있다. 새로운 헤어스타일을 하면 잘 어울리지 않을까? 사람들은 불안해한다. 이럴 때 헤어스타일이 달라졌다고 살짝 말해주면 마음의 안정을 찾을 것이다. 상대방을 편안하게 만들어 주는 스마일도 잊지 마라.

How로 질문하라

육하원칙이란 언론 기사를 작성할 때 필요한 여섯 가지 기본 원칙이다. '누가(who), 무엇을(what), 언제(when), 어디서(where), 왜(why), 어떻게(how)'를 말한다. 줄여서 5W1H라고 부른다. 알파벳 H자로 시작하는 how를 제외한 나머지 다섯 가지 의문사는 모두 알파벳 W로 시작하기 때문이다.

대화할 때와 신문 기사를 쓸 때는 다르다. 초면인 사람에게 5W를 사용할 때는 주의해야 한다. 마치 경찰서에서 조사하는 듯한 딱딱한 느낌을 줄 수 있기 때문이다. 1997년도 영화 〈나는 네가 지난 여름에 한 일을 알고 있다(I Know What You Did Last Summer)〉에서는 네 명의 친구들이 교통사고를 은폐한다. 1년 후 훅을 휘두르는 살인자에게 스토킹을 당하는 이야기이다. 이 영화의 장르는 정체를 알 수 없는 킬러가 날이 있는 도구로 연쇄살인하는 슬래셔(slasher)이다. 주인공 줄리(제니퍼 러브 휴잇)가 수신 주소가 없는 편지를 받으면서 사건이 전개된다. 그 편지 안에는 다음과 같이 쓰인 쪽지가 들어 있다.

"나는 네가 지난 여름에 한 일을 알고 있다!"
(I KNOW WHAT YOU DID LAST SUMMER!)

대문자만으로 이루어진 문장은 '큰소리'로 외치는 것이다. 마치 산 정상에 올라서서 "야호!(Yahoo!)"라고 외치는 느낌이다. 이메일 또는 메신저를 할 때 대문자만으로 쓰면 화났다고 상대방이 오해할 수도 있다. 영화 줄거리 상으로는 1년 전에 발생한 교통사고에 대해서 알고 있다고 의미이다.

"TO ME, YOU ARE PERFECT."

영화 〈러브 엑츄얼리〉의 스케치북 고백 장면에서도 대문자 문장이 나온다. 여기에서도 큰소리로 외친다는 의미이다. 스케치북 종이를 자세히 보면, 마지막 단어인 PERFECT에 밑줄이 두 번 쳐져 있다. 대문자에 이어서 밑줄로 한번 더 강조를 한 것이다. 비록 스케치북 고백 장면은 캐롤송을 배경 음악으로 한 팬토마임으로 진행이 되지만, 동네 사람들이 다 들을 수 있을 정도로 큰소리로 외친다는 뜻이 내포되어져 있다.

다시 육하원칙으로 돌아가자. 처음 만난 미국인과 주말 이야기를 나눌 때 다음 질문을 한다면 어떤 느낌일까?

"당신은 지난 주말에 **누구**와 같이 갔었나요?"
(**Who** did you go with last weekend?)

애매한 질문이다. 상황에 따라서 불쾌하게 받아들일 수도 있다. 상대방의 프라이버시를 침해할 수 있기 때문이다. 그렇다면 다음 질문은 어떨까?

"당신은 지난 주말에 **무엇을** 하셨나요?"
(**What** did you do last weekend?)

이 역시 실례가 될 수도 있다. 예를 들면 그 미국인이 가족과 떨어져 혼자 지내는 '기러기' 아빠라면 상당히 괴로운 개인사를 드러내기를 꺼릴 수 있기 때문이다. 이번에는 어떻게(how)로 물어보자.

"당신의 주말은 **어떠셨나요**?"
(**How** was your weekend?)

의문사 How를 이용하는 질문이 좋다. How로 질문할 경우, 상대방에게 '선택권'이 주어진다. 만약 이야기하고 싶은 경우, "아주 좋았어요! (It was great!)"로 시작하면서 자세히 설명할 것이다. 반면 이야기할 만한 내용이 없거나 말하고 싶지 않다면 "별거 없었어요.(Nothing much.)"처럼 짧은 대답이 나올 것이다. 이럴 때는 신속히 화제를 바꿔주는 센스가 필요하다.

관심 스포츠를 파악하라

미국인이 가장 좋아하는 스포츠는 농구와 야구다. PGA 골프의 인기도 상당히 높다. 여성 골프인 LPGA도 인기가 많고 선수들을 잘 알고 있다. 1998년 박세리가 한국인 최초로 LPGA 우승컵을 들어 올렸을 때 CNN와 ESPN은 박세리에 대해 상세히 보도했다.

"왜 한국 여성들은 골프를 잘하는가?"

이명박 대통령이 조지 부시 대통령을 처음 만났을 때 받은 질문이라고 전해진다. 백인의 전유물로 여겼던 PGA는 흑인인 타이거 우즈에게 빼앗기고, LPGA는 한국 여자선수들에게 빼앗긴 위기감이 슬며시 드러난 것이다. 미국에서는 이러한 위기 의식 때문에 역차별(reverse discrimination)이라는 말까지 나온다. 유색 인종을 차별해오던 골프계에서 백인들이 유색 인종에게 눈치를 봐야하는 시대가 왔다.

어느 나라에서나 남성 스포츠는 좋은 화젯거리이다. 야구, 미식축구, 농구에 대한 이야기는 좋은 호응을 얻을 수 있다. 대학 스포츠의 인기가 무척 높아서 고등학생이 대학을 선택할 때 학교 운동팀의 성적을 함께 고려하기도 한다. 국내에서는 대학팀보다 프로팀 경기가 주목을 끌지만 미국인은 대학 경기를 적극적으로 관람한다. 출신 대학 농구팀이 미국대학스포츠연맹(NCAA)이 주최하는 토너먼트 본선에만 올라가도 흥분을 감추지 못한다. 대학 농구의 열기를 '3월의 광란(March Madness)'이라고 부른다. 학교 경기가 있을 때면 기숙사 전체가 중계방송과 함께 환호성으로 메아리친다. 마치 한국 축구 대표팀이 월드컵 본선 경기를 치르는 분위기 같다.

태권도, 요가, 피겨스케이트, 아이스하키 등 비인기 스포츠도 좋은 이야깃거리다. 2010년 제21회 밴쿠버 동계올림픽 여자 피겨스케이팅 싱글 부문에서 금메달을 딴 김연아 선수는 세계적인 스타다. 2010년 4월 타임지가 세계에서 가장 영향력 있는 100인 중 한 명으로 선정했을 정도다. 타임지는 리더(leaders), 영웅(heroes), 예술가(artists), 사상가(thinkers)로 나누어 인물을 선정했다. 김연아는 25명의 '영웅' 가운데 빌 클린턴 미국 대통령에 이어 두 번째로 이름을 올렸다. 2010년 당시 유일한 한국인이 바로 김연아였다. 매년 발표되는 100인의 리스트는 이야깃감 준비에 도움이 된다. 상대방의 국가 및 관심 분야의 인물들에 대해 준비해 간다면 호감을 얻기 쉬워진다.

여성 스포츠도 화젯거리이다. 의외로 격투기에 관심 있는 미국 여성이 많다. 너무 격렬한 이종 격투기는 제외된다. 격투기는 싸움의 기술이 아니라 "마셜 아트(martial arts)"라고 부른다. martial은 '군인, 전쟁'을 뜻하고 arts는 '예술처럼 수준이 높은 기술'을 의미한다. 격투기의 공식 명칭은 종주국에서 부르는 대로 사용된다. 태권도는 우리말 발음대로 'Taekwondo' 중국의 우슈는 중국어 발음대로 쿵푸(Kungfu)라고 불린다. 유도, 합기도,

검도는 일본식으로 주도(Judo), 아키도(Akido), 켄도(Kendo)로 불린다.

호신술 차원에서 격투기를 배우는 미국 여성도 꽤 있다. 신체 접촉이 많은 유도보다는 적당한 거리를 두고 겨루는 태권도를 선호한다. 만약 처음 만나는 외국인이 태권도를 배운 적이 있다면 무슨 띠까지 해봤냐고 물어보며 대화를 이어가자. 주의할 점은 한국의 띠 순서와 미국의 띠 순서가 다르다는 점이다. 단은 검은 띠이고 초급은 흰 띠로 같으나, 흰 띠 다음에 노란 띠가 아니라 오렌지 띠다. 그리고 여성과 겨루기를 할 때 너무 심하게 공격하면 안 된다. 너무 진지하게 겨루면, 이런 말을 할 것이다.

"제발 살살해 주세요!"
(Soft on me, please!)

대도시 인근에서는 요가가 인기 좋다. 요가를 좋아하는 사람을 만난다면 "나마스떼."라고 인사말을 한번 던져보라. 아마도 당신을 바라보며 친근감을 표시할 것이다. 더불어 한국에서 인기몰이 중인 핫요가 또는 필라테스에 대한 이야기를 하면 오랜 친구 사이 같은 느낌마저 들 것이다.

베스트셀러를 찾아라

할리우드에 대한 이야기는 호응이 좋다. 미국인은 외국 영화에 대한 관심이 별로 없다. 유명한 상을 탄 영화도 모르는 경우도 많다. 미국 극장에서 외국 영화를 상영하는 경우가 매우 드물기 때문이다. 만약 외국 영화를 알고 있다면 그 사람은 개인적으로 DVD를 빌려 봤을 확률이 높다. 미국인들에게는 미국 영화가 대화 소재로 무난하다. (최근에는 넥플릭스가 주문형 비디오 서비스를 제공해서 전세계 시청자들이 동시에 같은 영화를 보는 시대가 되었다.)

미국 영화와 영국 영화는 반듯이 구별해야 한다. 두 국가 모두 영어권이기 때문에 제목이나 예고편으로 어느 나라에서 만들었는지 알기는 쉽지 않다. 이럴 때에는 영화 홈페이지나 포털 사이트에서 직접 확인하는 것이 좋다. 영국 영화는 미국에서 별 인기가 없다. 배우 줄리아 로버츠와 휴 그랜트가 주연한 〈노팅힐(Notting Hill)〉은 미국에서 인기가 거의 없었다. 한 음절씩 또박또박 끊어서 읽는 영국식 발음으로 '노.팅.힐.'이라고 하면 미국인들은 제대로 알아듣지 못한다. "나링~힐"이라고 혀를 굴리면서 발음해야 비로서 이해한다.

외국 영화와는 달리 외국 서적에 대해서는 상당히 개방적이다. 영국뿐만 아니라 유럽에서 번역 출간된 책에 관심이 많다. 소설 소재도 다양한 것을 좋아한다. 국내에서 인기가 좋았던 〈해리포터(Harry Porter)〉 시리즈 또는 〈다빈치코드(The Da Vinci Code)〉 같은 베스트셀러를 읽은 사람이 상당히 많다. 당신이 〈해리포터〉를 읽었다고 하면 미국인이 오히려 놀랄 테고 원서를 읽었다고 말하면 더 인상적으로 느낄 것이다.

최근에 읽은 영어책 이야기를 하면서 어떤 책을 좋아하느냐 물어보면 무리가 없다. 만약 준비할 시간이 부족하다면 베스트셀러 목록을 확인해보는 방법도 있다. 목차만 알고 대화에 임해도 큰 도움이 된다. 그것조차 어렵다면 미국 내 베스트셀러의 이름만이라도 알아두자.

2. 지적 호기심을 자극하라

미국인은 지적 호기심이 상당하다. 일단 호기심을 불러일으키면 쉽게 가까워질 수 있다. 상대방에게 친숙한 화제로 시작하라. 너무 생소한 이야기를 하면 무관심한 반응을 접하기 쉽다. 미국에서는 한국, 중국, 일본을 통틀어서 극동 아시아(Far East)라고 부른다. 예전에는 동양을 오리엔트(orient)라고 부르기도 했다. '떠오르는 태양의 방향'이란 뜻에서 유래됐다. 한중일 동북아 삼국이 같은 한자 문화권인데도 미묘하게 다른 문화적 차이점을 가지고 있다.

서양 문화에 익숙하지 않은 동양인에게 프랑스, 독일, 영국이 비슷해 보이듯이 동양 문화에 익숙하지 않는 미국인도 한중일 삼국의 문화를 명확히 구분하기 어려워한다. 이해하기 쉽고 재미있는 이야기를 미리 준비하리. 지신 만의 **독특한** 소재를 찾아라. 상대방 및 상황에 알**맞**은 '**맞춤형**' 이야기꾼이 되어라.

용의 발톱은 몇 개일까?

전설 속 동물 '용'에 대한 이야기는 동서고금을 막론하고 두루 전해진다. 용은 영어로 드래곤(dragon)이다. 하늘을 날아다니며 입에서 불을 뿜어내는 환상 속의 동물이다. 미국 아이들이 좋아하는 공룡은 다이나소어(dinosaur)다. 어린아이 장난감 중에서도 공룡이 유독 많고, 바니(Barney)라는 아기 공룡은 유아용 인기 비디오 시리즈의 주인공이다. 미국판 아기공룡 둘리인 셈이다.

용의 인기가 높은 아시아권에서는 나라마다 그 모양이 조금씩 다르다. 중국 베이징의 자금성에는 '구룡벽'이라는 유명한 벽화가 있다. 이름 그대로 아홉 마리의 용이 그려진 벽이다. 용의 발을 자세히 살펴보면 네 다리에 발톱이 5개씩 달려 있다. 일전에 중국 연변에서 만난 조선족 가이드가 했던 질문이 떠오른다.

"용의 발톱은 몇 개일까요?"
"네 개요."
"아니요!"
"그럼 몇 개인가요?"
"나라마다 달라요. 중국은 다섯 개, 한국은 네 개, 일본은 세 개입니다."

나라마다 발톱 수가 다른 이유는 국가 간 위계 때문이라고 설명했다. 아시아 대륙의 강대국이었던 중국 황실에서만 다섯 개를 사용하고 한국은 네 개, 일본은 세 개를 사용했다고 말했다. 호텔을 일성부터 최고급 오성까지로 구분하듯이 아마도 고대에서는 용의 발톱수가 많을수록 강대국임을 나타낸 듯하다.

같은 유교 문화권인데도 일본에서는 용 그림을 찾기가 쉽지 않다. 가끔 세 개의 발에 세 개씩의 발톱이 그려진 고대 미술품이 발견된다. 연변 친구가 들려준 용의 발톱 이야기를 미국 교수에게 들려준 적이 있다. 종이를 꺼내서 메모까지 할 정도로 경청한 그는 이야기가 끝나자 정중히 물었다.

"수업 시간에 너의 용 이야기를 해도 되겠니?"
(Can I use your dragon story in my class?)

수업 시작 전에 분위기를 띄우기 위한 조크로 사용하고 싶다고 했다.

"물론이죠!"
(No problem!)

난 흔쾌히 승낙했다. 우리에게는 다소 식상할 수 있는 이야기가 외국인에게는 흥미로운 화두가 될 수 있는 점을 꼭 기억해두자.

구미호는 키스하지 않는다

여우에 대한 이야기는 세계 어디서나 찾을 수 있다. 영어권에서 여우를 여자와 비교하는 경우가 있다. '여우 같은' 여자라고 말할 때 폭시(foxy)라는 단어를 쓴다. 아시아권에서는 여우 이야기의 인기가 대단하다. 전설에 나오는 여우 가운데 가장 유명한 것이 구미호이다. 황금빛 털로 만들어진 아홉 개의 꼬리를 가졌다. 동양 문화에서 숫자 9는 완전함을 의미하는데, 꼬리마다 능력이 각각 다르다. 백년을 살면 꼬리가 하나씩 늘어나는데 아홉 꼬리는 900년 이상 살았다는 뜻이다. 일본 애니메이션 〈포켓몬(Pokemon)〉에 나온 나인테일(Ninetails)은 구미호의 모양에서 따온 것이다.

구미호 전설은 한중일 삼국에 모두 전해지나 나라마다 차이가 있다. 중국의 구미호는 표독하고 간사한 여성으로 묘사된다. '달기'라는 구미호가 천하를 어지럽힐 목적으로 아리따운 여자로 둔갑한다. 은나라의 마지막 왕인 주왕을 홀려 무고한 사람을 죽이는 등 사악한 짓을 일삼다가 주나라 무왕의 손에 죽임을 당한다는 고대 소설이 전해진다. 달기가 사악한 짓을 한 이유는 요괴에서 신선으로 변하기 위해서였다.

일본의 구미호 이야기도 중국과 비슷하다. 중국에서 물의를 일으켰던 달기가 죽지 않고 도망쳐서 수백 년 후 주나라의 마지막 왕인 유왕을 유혹해 주나라를 망하게 한다. 그 후 인도를 거쳐 일본으로 건너가 도바 천황을 유혹하다가 음양사들이 쏜 화살에 맞고 살생석이라는 바위로 변했다고 전해진다. 중국에서 은나라와 주나라를 멸망시킨 달기가 인도를 거쳐서 일본으로 건너갔다는 이야기는 사뭇 흥미롭다. 한반도를 거치지 않고 해로로 이동했다는 점은 당시 활발한 해상 교역이 있었다는 사실을 알려준다.

한국의 구미호 이야기는 다르다. 구미호는 KBS 〈전설의 고향〉 등의 납량 특집 드라마에서 무서운 이야기로 자주 등장한다. 일방적으로 해를 끼치는 중국과 일본의 구미호와는 달리 한국의 구미호는 인간이 되고 싶은 강한 열망을 품고 있다. 구미호는 아홉 개의 꼬리를 달면 인간이 될 수 있는 능력이 생긴다. 결혼 전의 순수한 동정남의 정기를 뽑아내면 완전한 인간이 될 수 있다. 아리따운 여자로 둔갑한 후 남자와 사랑에 빠져 결혼한다. 정체를 들키지 않고 100일을 살면 진짜 인간이 된다는 전설이다. 99일째 정체를 들켜 인간이 되는 소망을 이루지 못하고 남편을 떠나는 비극이다.

한국 구미호 전설의 특징은 여우 구슬이 자주 등장한다는 점이다. 여인으로 둔갑한 구미호는 절대로 입맞춤을 허락하지 않는다. 입에 물고 있는 구슬을 빼앗길 수 있기 때문이다. 구슬을 삼키면 세상 모든 이치를 깨달을 수 있다고 전해진다. 일본 구미호는 화살에 약하고 한국 구미호는 키스에 약하다고 이야기해주면 외국인 친구들은 흥미로워 할 것이다.

젓가락 길이가 다르다

"젓가락질 잘해야만 밥을 먹나요."

그룹 DJ DOC의 노래 〈DOC와 춤을〉의 첫 소절이다. 한국 문화에서 젓가락질의 중요성을 부각시킨 가사다. 포크를 사용하는 서양인에게는 젓가락은 다소 생소하다. 젓가락을 사용하는 동양 문화권에서 나라마다 재질과 길이는 다르다. 일본식 젓가락은 가늘고 긴 나무로, 중국식은 짧은 나무로, 한국식은 쇠로 만들어졌다. 왕이나 귀족들은 독성 여부를 알 수 있는 은수저를 사용하기도 했다.

아시아 국가 중에서 한국인들만 쇠젓가락을 사용한 것은 도교 사상의 영향이라는 주장이 있다. 참고로 도교 사상은 영어로 타오이즘(Taoism)이라고 부른다. 쇠를 먹으면 불로장생한다는 도교 사상에서 영향을 받아 쇠로 만든 젓가락을 사용했다는 것이다.

우리 선조들이 왜 쇠젓가락을 사용하게 되었는지는 정확히는 알 수 없다. 외국인에게 어떻게 설명해서 그들의 호기심을 불러일으킬 수 있느냐가 중요하다. 말하자면 '꿈보다 해몽'인 셈이다. 도교 사상에 관심 있는 미국인이 의외로 많다. 유교처럼 종교적인 색채가 별로 없고, 오리엔탈 라이프 스타일이라는 느낌을 받는 듯하다. 한국의 쇠젓가락 문화에 도교 사상을 접목한 이야기는 상당한 호응을 얻을 수 있다.

3. 영어로 칭찬하기

예쁘다, 날씬하다 등 외모에 대한 칭찬은 주의해야 한다. 문화 차이로 인해서 적절한 표현을 쓰지 않으면 예상 외의 반응이 나올 수도 있다. 영어 칭찬은 한국어 칭찬과는 상당히 다르다. 예를 들어 서양인은 신체 부위의 '크기'에 대한 언급을 좋아하지 않는다. 몸 전체의 '균형'을 중요시 하기 때문이다.

얼굴이 조막만 해요

한국에서 '머리가 작다'는 말은 남녀노소를 불문하고 좋아한다. 상대방 외모에 대한 극찬으로 여겨진다. 할리우드 영화에 나오는 팔등신 몸매에 조막만한 두상을 가진 배우를 보면 우리는 열린 입을 제대로 닫지 못한다. 과연 서양인도 같은 생각을 할까? 서양인들에게 이렇게 한번 말해보라.

"당신의 머리는 작습니다."
(Your head is small.)

무척 불쾌한 반응을 보일 것이다. 서양 문화에서는 몸 전체의 '비율'을 중요시하기 때문이다. 베이비 페이스(baby face)라는 표현이 있다. 국내에서는 외모에 대한 극찬 중 하나로 여겨진다. 미국에서는 정반대이다. 특정 부위가 크거나 작다는 말은 자신의 몸이 불균형하다는 뜻으로 받아들인다. 몸은 어른인데 얼굴만 갓난아이의 모습을 했다고 상상해보면 이해가 쉽다.

1997년도 영화 〈맨 인 블랙(Men In Black)〉에서는 온 몸을 블랙으로 치장한 일급 국가 비밀 조직인 MIB 비밀 요원들이 지구에 정착한 외계인을 감시하고 불법 이민을 온 외계인을 잡는다. 외계인들이 지구인 모습으로 살아가기 때문에 일반인들은 구분할 수 없다. MIB K 요원(토미 리 존스)과 뉴욕 경찰 에드워즈(윌 스미스)는 전당포 주인에게 불법으로 수입된 총을 달라고 요구한다.

"탕!"
(Bang!)

흥분한 K 요원은 전당포 주인 머리에 총격을 가한다. 현직 경찰인 에드워즈가 화들짝 놀라서 시신을 확인했더니 잠시 후 전당포 주인의 목에서 새로운 머리가 쑥 튀어나온다. 알고보니 전당포 주인은 외계인이고 일회용 인간 머리를 사용한 것이다. 성인 몸에 주먹만한 머리를 가진 외계인의 모습이 징그럽게 보인다. 여기에서 머리를 '얼굴'로 바꾸면 불쾌감은 배가된다.

"당신의 **얼굴**은 작습니다."
(Your face is small.)

과연 왜 그럴까? 어떤 의미일까? 얼굴 크기가 너무 작아서 몸과 머리에 비해서 균형이 깨져 보인다는 뜻으로 받아들일 것이다. 한국말의 어감을 감칠나게 살려보자.

"당신 얼굴은 가운데로 쏠렸습니다."

우리말로 옮겨보면 이런 느낌일 것이다. 서양인에게 칭찬할 때는 신체 사이즈에 대한 직접적인 언급은 피하라. 십중팔구 불쾌한 표정을 지을 것이다. 이런 문화적 차이점을 자세히 설명해주면 미국인들이 귀담아 들을 것이다. 상대방 외모에 대한 묘사는 피하되, 문화적 차이점은 흥미로운 대화 소재로 활용할 수 있다.

우유 빛깔 OOO!

'피부가 하얗다'고 하면 한국인들은 남녀노소 누구나 좋아한다. 외모에 신경을 많이 쓰는 여성뿐만 아니라 남성들도 얼굴에 화색이 돈다.

"우유 빛깔 OOO!"

흔히 연예인의 피부를 칭찬할 때 쓰는 표현으로, 우유 빛깔처럼 피부가 뽀얗다는 뜻이다. 배우 중에는 아예 우유 목욕을 하는 사람도 있다고 전해질 정도로 동양권에서는 우유 빛깔 피부에 대한 집착이 강하다.

"당신의 피부는 하얗습니다."
(Your skin is white.)

미국인에게 '얼굴이 하얗다'고 하면 좋아할까? 물론 아니다! 피부색이 원래 하얀 백인에게 그렇게 말하면 안 된다. white가 look 또는 go와 함께 쓰이면 '공포·분노·질병으로 창백하다'는 뜻이 된다. 정확한 해석은 "당신의 피부는 창백합니다."이다. 흑인에게는 피부색 이야기를 꺼내지도 마라. 인종 차별적인 뉘앙스를 풍길 수 있기 때문에 언급을 자제하라.

피부가 좋다는 칭찬을 하고 싶다면 '살결이 희다'는 뜻의 단어인 fair를 이용하자. 주의할 점이 있다. 제삼자에 대해서 간접적으로 사용하고, 당사자에게 직접 쓰는 경우는 드물다. 성적인 의미를 내포할 수 있어서 역효과가 날 수도 있다.

"멋진 선탠입니다!"
(Nice tan!)

백인에게는 선탠을 언급하는 칭찬이 효과적이다. 직접 색깔을 언급하지 말고 그냥 선탠이 잘 되었다고 칭찬하라. 한국인과 달리 상당수의 백인들은 하얀 피부에 대한 콤플렉스를 가지고 있다. 흰 피부에 대한 콤플렉스 때문에 잘 그을린 구릿빛 피부로 바꾸려 선탠을 하는 것이다. 선탠한 피부를 칭찬할 때 결과뿐만 아니라 방법에 대한 질문을 하면 호감을 얻기 쉽다.

내가 웃는 게 아니야!

칭찬할 경우라도 거짓말을 해서는 안 된다. 음치인 사람에게 노래를 잘한다고 하면 오히려 반어적 표현으로 받아들이고 화를 낼 수 있다. 상대의 약점이 파악된 경우라면 관련된 사항에 대한 직접적 언급은 최대한 피하라. 노래와 관련된 말을 하지 않는 대신 다른 장점을 언급하라. '목소리가 좋다' 또는 '리듬감이 좋다'라는 표현도 무난하다. 음치라도 아름다운 목소리의 소유자일 수 있기 때문이다.

상대방이 진심 어린 칭찬을 해주었는데 썰렁한 반응을 보이는 것은 결례다. 상대방이 칭찬을 해주는 경우 먼저 감사를 표하라. 감사의 이유를 덧붙이는 것이 효과적이다. 짤막하게 "Thank you!"라고 말하면 너무 사무적으로 들릴 수 있다. 주의할 점은 '감사하다'라는 영어 표현이다. 동사 appreciate을 쓸 때 주의해야 한다. appreciate는 '좋은 점을 높이 평가하다'라는 의미다. 영어 사전에는 "~에 대해서 고맙게 생각하다"로 나온다. 만약 상대방이 당신의 외모를 칭찬할 경우, 이렇게 대답하면 어떨까?

"나는 고맙게 생각합니다."
(I appreciate it.)

아마도 상대방이 당황할 것이다. 나 자신도 내 아름다움의 가치를 높이

평가한다고 들려서, 상대방이 당신을 나르시스트라고 오해할 수 있다. 친한 사람끼리라면 외국어로 응대하면 신선한 느낌을 줄 수 있다. 주로 프랑스어나 스페인어를 쓴다. 스페인어로 '감사합니다.'는 "Gracias." 프랑스어로는 "Merci."이다. 감사 표현을 강조하고 싶다면 "Muchas Gracias." 또는 "Merci beaucoup."라고 한다.

여기 설탕 추가요!

살다 보면 항상 아름다운 표현만 쓰기 힘들다. 감정에 따라 어투가 바뀐다. 비속어를 사용하면 품위가 없어 보일 수 있다. 특히, F로 시작하는 네 글자 단어는 절대 사용해서는 안 된다. 이보다 강도가 낮은 비속어도 입에서 나오려고 할 때 비슷한 단어로 바꿔 말하는 것이 낫다.

미국 대학에서 테니스 교양 과목을 수강할 때 생긴 일이다. 하루는 금발머리 여학생과 연습 파트너가 되어서 경기를 하게 됐다. 몇 차례 랠리를 주고받다가 그녀가 그만 볼을 놓쳤다.

"슈거!"
(Sugar!)

처음에는 이 말이 무슨 뜻인지 약간 의아했다. 슈거(sugar)는 속어로 여보 또는 자기 등 애인에게 쓰는 애칭이다. 어쩌면 그녀가 나의 비밀의 구애자이었나? 내 착각은 그리 오래가지 않았다.

"슈거!"

알고 보니 그녀는 볼을 놓칠 때마다 이 말을 반복했다. 미국인은 "shit"이라는 표현을 자주 쓰는데, 비속어를 쓰지 않으려고 같은 알파벳 s자로 시작하는 단어인 슈거로 부르는 것이다. 예를 들면 F로 시작하는 단어가 입속에서 아른거린다면 아름다운 의미를 가진 플라워(flower)로 대신할 수 있다. 미국인들이 자주 사용하는 비속어 완화법이다. 혹시 지나가던 사람이 표정을 찡그리며 큰소리로 "슈거"라고 외친다면 설탕을 달라는 의미가 아닐 수도 있다는 사실을 기억하라.

4. 영어로 웃겨보자

상대방을 웃기기 위해서는 여러 스타일을 미리 준비해야 한다. 사람마다 관심 있는 분야가 다르기 때문이다. 조크는 듣는 사람에게 공감과 순간의 즐거움을 줄 수 있느냐가 중요하다. 상대방 국가의 역사나 문화에 대한 직접적인 농담은 자제하고 자신의 영어 실수담을 이야기하는 것이 좋다.

상대방을 웃기는 수단은 크게 세 가지로 나눌 수 있다. 단어, 발음, 표현을 통해서 웃기는 것이다. 일상적인 방식에서 벗어나는 창의적인 표현이 효과적이다. 단어를 잘못 사용하거나 잘못 발음해서 생긴 에피소드는 상대방과 가까워지는 데 매우 효과적이다. 너무 완벽한 사람보다는 약간 허점이 있는 인간적인 사람이 다가가기에 편하니 말이다.

빵 터지게 웃겨라

비즈니스 미팅의 백미는 상대방을 웃길 수 있느냐. 웃는다는 것은 편한 사이가 됐다는 의미이다. 웃음은 강도에 따라 다섯 단계로 나눌 수 있다.

1. smile   소리 없는 미소
2. grin   이를 살짝 보이는 미소
3. chuckle   입을 다물고 낮은 소리로 웃기
4. giggle   킥킥 소리내어 웃기
5. laugh   큰소리로 웃기

가장 낮은 단계는 말없이 웃는 미소인 스마일(smile)이다. 그 다음이 활짝 웃는 그린(grin)이다. 3단계부터는 소리내어 웃는다. 순서별로 처클(chuckle), 기글(giggle) 그리고 레프(laugh)이다. 상대방을 유머로 제압하기 위해서는 상대방이 소리 내어 웃도록 만들어야 한다. 우리말에서 "빵 터진다"란 표현과 비슷하다.

레프는 가장 일반적인 말로 '큰소리'로 웃는 것이다. 스마일은 소리를 내지 않고 얼굴 표정만으로 웃는 것이다. 그린은 이를 살짝 드러내되 소리는 내지 않는다. 처클은 입을 벌리지 않고 낮은 소리로 만족한 듯 조용히 웃는 것이다. 혼자 웃을 때 쓰인다. 기글은 아이나 젊은 여인 등이 킥킥대는 것을 말한다.

상대방을 웃기기 위해 어설픈 영화 대사나 노래 가사를 사용하면 역효과가 날 수 있다. 가사는 시적인 표현이 많기 때문에 정해진 상황과 정확히 일치하지 않으면 이해하기 어려울 수 있다. 영화 대사도 마찬가지다. 영화 시청 여부에 따라서 효과는 달라진다.

함축적인 표현을 사용할 때는 전후 사정을 잘 고려해서 활용해야 효과를 볼 수 있다. 1999년도 영화 〈매트릭스(Matrix)〉에서 토머스 앤더슨(키아누 리브스)은 낮에는 프로그래머이지만, 밤에는 해커 '네오'로 활동한다. 그는 의문의 메시지를 받고, 클럽에서 트리니티와 만난다. 네오는 트리니티, 모피어스와 함께 매트릭스라는 인공지능 컴퓨터와 1999년 모의현실에서 대결하는 이야기이다.

공상과학(SF) 영화를 좋아하지 않는 사람에게 "마음을 자유롭게 하라! (Free your mind!)"라고 외쳐봤자 별다른 공감을 얻기는 힘들다. 아마 당신을 물끄러미 바라보며 이렇게 말할 것이다.

"당신의 요점은 뭔가요?"
(What is your point?)

저도 힐러리의 남편입니다

인터넷 검색을 하다 보면 정치 조크(political joke)를 쉽게 보게 된다. 조크는 요리와 비슷하다. 유명한 레시피를 달달 외운다고 해서 누구나 맛있는 음식을 만들 수 있는 것은 아니다. 유명 개그맨의 유행어를 암기한다고 해서 누구나 관중에게 웃음을 선사할 수 없다. 단순 암기가 아닌 '언어 감각(language sense)', 즉 센스가 중요하다. 주의할 점이 있다. 상대방이 소속된 그룹이나 단체를 간접적으로 폄하하는 일은 피해야 한다. 특히 다른 그룹과 비교할 경우다. 예를 들어, 수학과 대학생에게 문제의 난이도를 설명하면서 이런 말을 했다고 치자.

"중학생도 풀 수 있을 정도로 쉬운 문제입니다. 하하하!"

문제가 정말로 쉽다면 괜찮지만 그렇지 않은 경우 실언이 된다. 중학생도 풀 수 있을 정도로 쉬운 문제를 못 푼 대학생은 바보 취급을 받기 때문이다. 비교 발언은 되도록 자제하는 편이 좋다. 필요하다면 우위에 있는 사람과 동등하게 표현하는 것은 효과가 있다. 미연방통신위원회(FCC)의 인턴 중에 로라(Laura)라는 여대생이 있었다. 매번 건물에 들어갈 때마다 금속 탐지기를 지나는데, 자신을 테러리스트로 취급하는 것 같아서 기분이 좋지 않다고 했다. 그녀의 마음을 풀어줄 조크가 필요했다.

"로라, 화 내지 마세요. 부시 대통령 부인도 이 문을 지나야만 해요."
(Laura. Don't be mad. Even Mrs. Bush has to walk through the door.)

로라는 나에게 환한 미소를 지었다. 미국 대통령 부인(로라 부시)과 대학생인 자신을 비교해서 기분이 좋아진 것이다. '제 눈에 안경'이라는 말이 있잖는가. 아무리 비싼 안경테를 써도 렌즈가 눈에 맞지 않으면 안경 기능을 제대로 할 수 없는 것이다. 자신에게 맞는 조크를 만들어야 한다.

구글 인기 검색어 중에 〈모리 클린턴 후 아 유?(Mori Clinton Who Are You?)〉가 있다. 2008년 G8 정상 회담에서 모리 요시로 일본 총리가 빌 클린턴 미국 대통령을 만났을 때 생긴 영어 실수담으로 전해진다. 영어에 능숙하지 못한 모리 총리가 백악관에서 말실수를 했다는 것이다. 일본 외무성 간부들은 회담 직전 총리에게 사전 교육을 철저히 시켰다. 모리 총리가 "How are you?"라고 물으면 클린턴 대통령은 "I'm fine. Thank you. And you?"라고 대답할 것이다. 그 후 "Me, too."라고 마무리 지으면 통역사가 일을 시작하기로 했다.

긴장한 모리 총리는 클린턴 대통령을 만나자 엉뚱한 질문을 했다.

"당신은 누구인가요?"
(Who are you?)

How를 Who로 잘못 말한 것이다. 예상 밖의 질문에 잠시 할 말을 잊은 클린턴 대통령은 유머 기질을 발휘해 웃으면서 대답했다.

"글쎄요, 저는 힐러리의 남편입니다. 하하하!"
(Well, I am Hillary's husband, hahaha!)

계속 자신의 실수를 깨닫지 못한 모리 총리는 암기한 대로 대답했다.

"저도 그렇습니다!"
(Me, too!)

배석했던 일본 대사와 외무성 간부들의 얼굴 표정이 어땠을지는 상상이 가고도 남는다. 이 에피소드의 진의 여부는 그리 중요하지 않다. 어차피 농담이기 때문이다. 미국인을 만나면 크게 한번 같이 웃으면서 금방 친해질 수 있다.

조지 부시 대통령에 관련된 조크는 상당히 많다. 당신의 유머 감각을 테스트해 보길 바란다. 다음 문장을 읽고 크게 웃을 수 있다면 당신은 유머 감각이 뛰어난 편이다.

워싱턴 DC 속보:
월요일 비극적인 화재로 조지 W. 부시 대통령의 개인 도서관이 파괴되었다. 그의 두 권의 책은 모두 사라졌다. 대통령 대변인 아리 플라이셔는 대통령이 두 번째 책의 도색을 마치지 않았기 때문에 망연자실했다고 말했다.

Washington DC Newsflash:
A tragic fire on Monday destroyed the personal library of President George W. Bush. Both of his books have been lost. Presidential spokesman Ari Fleischer said the president was devastated, as he had not finished coloring the second one.

위 조크는 부시 대통령이 책을 잘 읽지 않는다는 점을 우회적으로 비판한다. 그의 개인 도서관에 단 두 권의 책밖에 없다는 것이다. 반전도 있다. 두 권 모두 읽기 위한 책이 아닌 색칠 공부 책이다. 결론적으로 그가 제대로 된 책을 한 권도 가지고 있지 않다는 뜻이다. 비극적인 화재(tragic fire)와 망연자실한(devastated) 등의 고급 용어를 이용해서 표현의 진중함을 보여주는 반면, 내용은 간접적으로 일침을 가하는 것이다. 이런 것이 정치 조크의 백미다.

두 여성은 절대 동의하지 않는다

발음을 틀리는 것보다 수준이 높은 조크는 단어 자체를 바꾸는 것이다. 여러 가지 의미가 있는 단어를 사용해서 상대방으로 하여금 다양한 의미를 되새길 수 있게 해주는 것이다. 정치인들이 흔히 사용하는 정치 조크가 대표적인 예다. 단어 하나만 잘못 이해해도 큰 차이가 생긴다. 문맥이 완전히 뒤바뀔 수 있다. 우리에게도 친숙한 켈로그 시리얼의 포장 상자에 다음과 같은 문구가 적혀 있다.

"가족생활은 당신의 아이들이 건강할 때 더 좋습니다."
(Family life is better when your kids are healthy.)

번역해보면 이렇다. 딱 한 단어만 바꿔보자.

"가족생활은 당신의 아이들이 건강할 때 더 괴롭습니다."
"Family life is bitter when your kids are healthy."

better를 bitter로 바꾼 것이다. 모음 하나만 달라졌지만 문장의 뜻은 완전히 달라진다. 사전을 찾아보면 bitter는 화난(angry) 또는 불행한(unhappy)로 나온다. 해석을 각자의 상상에 맡긴다.

새뮤얼 존슨은 영국의 시인 겸 평론가이다. 서점 주인의 아들로 태어난 그는 학비가 부족해서 옥스퍼드 대학교를 중퇴했다. 박사 학위는 없지만 존슨 박사라고 불렸다. 26세에 무려 20살 연상인 미망인과 결혼해서 고향에서 사학을 열었다. 1755년 영어사전 《A Dictionary of the English Languages》을 자력으로 완성 시킨 후 유명세를 타고 성공 가도를 달리게 됐다. 이 사전은 150년 후 《Oxford English Dictionary》가 발매되기 전까지는 최고 권위의 영어사전으로 인정받았다.

존슨 박사는 "토커 존슨"이라고 불릴 만큼 담화의 명인이었다. 그의 유명한 일화는 영국 정치가의 조크로 자주 사용됐다. 어느 날 존슨 박사는 두 할머니가 좁은 골목길에서 각자 창문에 기댄 채 상대방을 막대기로 때리려는 장면을 목격하고 친구에게 말했다.

"저 두 여성은 절대로 동의하지 않을 거야. 다른 건물(전제)로부터 주장하고 있기 때문이야."

(Those two women will never agree because they are arguing from different premises.)

이 조크의 핵심은 단어 premises이다. premise는 주장의 '전제'지만, '건물'로도 쓰인다. 이 단어의 두 가지 의미가 모두 사용된다. 건물이라고 하면 우선 빌딩(building)이 떠오른다. 위 문장에서 빌딩을 사용하면 평범한 문장으로 전락되고 만다. 앙꼬가 빠진 빵이라고 할까. 단어 하나로 재미난 조크가 될지 말지가 갈린다는 점을 기억해야 한다. 단어 사용에 세심한 주의가 필요하다.

6. 보디랭귀지를 곁들이자

영어로 상대방을 웃기려면 보디랭귀지를 잘 사용해야 한다. 아무리 언변이 뛰어난 사람도 입담만으로 웃기기는 힘들다. 게다가 모국어가 아니라면 유머 또는 위트 있는 말을 하기는 쉽지 않다. 메시지는 말로 전달되지만, 느낌을 통하기는 어렵다. 문화권에 따라 메시지 전달 방식이 다르다.

서양인들은 강조할 때 '큰소리'로 말하고, 동양인들은 중요한 내용을 여러 번 '반복'한다. 서양인들에게 같은 내용을 반복하면 불쾌한 반응을 보인다. 귀에 못이 박히는 느낌이 드는 것이다. 동양인은 큰소리로 이야기하면 불쾌히 여긴다. 품위가 떨어져 보인다고 생각하기 때문이다. 외국어에 서툰 경우, 보디랭귀지는 큰 효과를 볼 수 있다. 문제는 '양날의 칼'이 될 수 있다는 점이다. 적절히 사용한 경우, 상대방의 이해도를 높이고 호응을 얻을 수 있다. 반대로 불필요한 오해를 받을 수도 있다.

서러워 우는 게 아니야

상대방이 조크를 했는데 재미가 없으면 어떻게 해야 할까? 무조건 크게 웃어라. 상대의 노력을 치하하는 의미에서 웃음으로 화답하는 것이다. 웃는 데에도 기술이 필요하다. 미국 미시간주립대학에서 배구 수업을 같이 듣던 줄리아(Julia)라는 여학생이 있었다. 같은 기숙사 단지(Brody Complex)에 사는 덕분에 배구 수업이 있는 매주 화요일과 목요일 오전에 길거리에서 마주치게 되었다.

당시 미국에 도착한 지 얼마 안 되어 웃는 기술이 부족했다. 줄리아를 만날 때면 약간 과장해서 미소를 지었다. 번번이 그녀는 나에게 어딘가 불편한 표정을 지었다. 미국 여자도 낯을 가리는구나! 꿋꿋하게 미소를 지으면 언젠가는 봄햇살처럼 따사로운 미소를 보내주겠지? 어느 날 배구 수업 시간에 그녀가 내게 성큼 다가왔다. 드디어 마음을 열고 친하게 지내자 하는구나? 그녀는 언짢은 목소리로 딱 짤라 말했다.

"너는 왜 나를 비웃고 있는 거니?"
(Why are you laughing at me?)

청천벽력이었다. 스마일을 하기 위해 노력했는데 돌아온 것은 싸늘한 항변뿐이다. 그제야 그녀의 표정이 무슨 의미였는지 정확히 이해가 갔다. 기숙사에 돌아와서 내 웃는 모습을 거울에 비춰 봤다. 도대체 나의 문제는 무엇일까? 며칠 후, 신문 기사를 읽다가 성공한 미국인들은 '빨리 웃지 않는다'는 사실을 발견했다. 빨리 웃으면 표정이 급히 변하게 된다. 급격한 표정 변화는 상대에게 좋지 않은 인상을 준다. 방긋거리며 웃다가도 금방 인상을 쓸지 모르기 때문에 상대방은 늘 긴장하게 된다. 미국인은 서서히 웃는 스마일을 좋아한다. 갑자기 몰아치는 소나기가 아닌 부슬부슬 내리는 보슬비와 같은 미소를 좋아한다.

난 너무 예뻐요

감각적인 단어를 구사하라. 추울 때 흔히 콜드(cold)를 사용해서 "I am cold."라고 한다. 너무 상투적인 표현이다. 추위의 강도에 따라서 변화시켜 보면 어떨까? 추위는 강도에 따라서 쿨(cool), 칠리(chilly), 콜드(cold), 프리징(freezing)으로 나눌 수 있다. 쿨은 '열이 식어 서늘하다'라는 뜻이다. 다소 부정적인 뜻도 있다.

"그는 멋진 남자이다."
(He is a cool guy.)

이 문장에서는 쿨은 나쁘지 않다(not bad)라는 의미이다. 하지만 한국에서 '쿨가이' 또는 '쿨하다'라는 표현을 쓸 때는 매우 좋다(very good)라는 의미다. '나쁘지 않다'와 '매우 좋다'는 확실히 다른 뉘앙스이다.

그룹〈원더걸스〉의 히트곡〈I am so hot〉의 가사를 보면 잘못된 콩글리시 표현이 많다. I am so hot!(난 너무 예뻐요!), I'm so fine!(난 너무 매력 있어!), I am so cool!(난 너무 멋져!).

핫(hot)은 제3자가 쓰는 것이 일반적이다. 자기 스스로 쓰면 '몸에서 열이 난다'는 의미다. 섹시(sexy)와는 다른 것이다. 파인(fine)은 사람에게 쓰이는 경우가 거의 없다. 대개 사물이나 사람의 신체 부위(머리카락, 몸매 등)를 수식하며 사람 전체를 표현할 때는 잘 쓰이지 않는다. 쿨은 자신에게 쓸 경우 어색하게 들린다.

추울 때 콜드 대신 칠리 또는 프리징을 쓰면 구어체 느낌이 강해진다. 칠리는 '날씨가 쌀쌀해서 한기가 난다'라는 뜻이고 '태도가 냉담하다'로도 쓰인다. 프리징은 객관적인 실측 온도를 나타내는 반면, 칠리는 주관적인 체감 온도를 의미한다. 한여름에 테니스를 치며 땀을 흠뻑 흘린 후 시원한 슬러시 음료를 마실 경우, 속이 칠리하지만 온도가 프리징하지 않는다. "내 몸이 으스스해."라는 우리말 표현은 "I feel chilly."와 비슷하다. 프리징은 '물이 얼 정도로 몹시 춥다'라는 뜻이다. 참고로 어는 점은 영어로 프리징 포인트(freezing point)이다.

감정 표현과 보디랭귀지는 일관성이 있어야 한다. 프리징이라고 하면서 활짝 웃거나 쿨이라 하면서 벌벌 떠는 척을 하면 부자연스럽다. 프리징이라고 말할 때 몸을 움츠리며 얼굴을 찡그리는 보디랭귀지를 곁들이면 메시지를 정확히 전달하는 데 도움이 된다.

실물이 더 좋으시네요

같은 보디랭귀지가 나라마다 다른 의미로 쓰이기도 한다. 한국에서 손을 가로로 흔들면 무언가 할 말이 있다는 뜻이다. "여기요!"라고 하면서 레스토랑에서 직원을 부를 때 손을 가로로 흔드는 경우가 많다. 미국 문화에서 손을 좌우로 흔들면 거절을 의미한다.

한국어에서는 '아니다'라는 표현이 많이 사용된다. 맞다, 아니다의 개념을 벗어나서 광범위하게 사용되기 때문에 미국인들에게 이해가 안 되는 부분이 있다. 잘했다고 칭찬 받을 경우 한국인들은 별거 아니라는 뜻에서 "아닙니다."라고 답한다. 영어로 표현하자면 "You are welcome.(천만에요.)"이다. 문제는 이를 영어로 직역할 경우에 생긴다. 미국인이 "You had a great job!"라고 칭찬을 했는데 "No!"라고 답변하면 상대방이 당혹스러워할 것이다. 미국인이 한 말이 사실이 아니라고 부정하는 의미이기 때문이다. 상대방이 칭찬하는 경우 감사의 뜻을 제대로 표하는 습관을 키워야 한다.

"과찬의 말씀입니다."

(I'm flattered.)

2007년도 영화 〈그 여자 작사 그 남자 작곡(Music & Lyrics)〉는 왕년의 팝스타 알렉스(휴 그랜트)가 남다른 작사 재능을 가진 여자 소피(드류 베리모어)와의 콜라보로 다시 유명해지는 로맨틱 코메디이다. 소피가 알렉스의 이름을 인터넷에서 검색해 보았다면서 왕년에는 유명했다고 말하자, 우쭐해진 알렉스가 소피에게 "I am flattered."라고 답한다. flatter는 '실제보다 돋보이게 하다'라는 의미이다. 기분이 매우 좋다면 so를 넣어서 "I'm so flattered!"라고 하면 된다. 우리말로는 "과찬의 말씀입니다."이다.

아 다르고 어 다르다

상대방이 편안하게 말을 시작하면 적극적으로 경청하라. 가만히 듣고만 있지 말고 틈틈이 박자에 맞춰 추임새를 넣어라. 추임새란, 일종의 감탄사로 상대의 말에 대해 구체적인 언급을 하는 대신 적극적으로 호응을 하는 것이다. 우리말에서는 "아하." "그래서요?" 등이 있고 영어에서는 "Aha!" "Really?" 등이 있다.

주의할 사항은 영어 추임새는 강세에 따라서 어감이 바뀐다는 점이다. 영어 'aha'는 'a'와 'ha'의 두 음절로 구성된 단어다. 첫음절 a에 강세가 있는 경우는 부정, 두 번째 음절 ha에 강세가 있는 경우는 긍정이 된다. 영어에 익숙지 않은 사람에게는 상당히 헷갈리는 강세 변화다. 우리말에서는 '아하'가 긍정문에서만 사용되기 때문이다.

á-ha: 부정 (1음절 강세)
a-há: 긍정 (2음절 강세)

영어를 잘한다는 것을 앵무새처럼 문장을 외운다는 것이 아니다. 영어 초보자의 경우, 쉬지 않고 말하는 사람이 영어를 잘한다고 오해하는 경우가 있다. 절대 그렇지 않다! 언어는 상대방과의 '소통'이다. 시기적절한 추임새가 이야기의 흥을 돋우는 데 안성맞춤이다.

PART 2

미국 영어 멋지게 쓰기

IV

영어 울렁증 극복하기

문화 코드란, 특별한 논리적인 또는 과학적인 근거는 없지만 같은 문화권 사람들이 취하는 일정한 행동 방식이다. 예를 들면, 피자를 먹을 때 콜라를 같이 마시는 것과 같은 것이다. 미국식 억양으로 영국인들이 자주 사용하는 표현을 쓰면 상당히 어색하게 들릴 것이다. 문화 코드의 '일관성'이 깨지기 때문이다

1. 콩글리시를 써도 될까요?

휴 그랜트가 미국 발음을 한다면?

13년의 미국 유학을 마친 후, 깨달은 사실이 있다. 영어 발음의 정확성 못지않게 영어 스타일도 중요하다는 점이다. 다양한 국가에서 영어를 공식어로 사용하고 있다. 영국인에게 표준 영어가 뭐냐고 물어보면 영국 영어라고 자신 있게 말한다. 잉글랜드(England) 지방의 언어가 잉글리시(English)이기 때문이다. 똑같은 질문에 미국인은 미국 영어라고 말한다.

영어를 공부하는 입장에서는 어떤 영어가 표준인지는 그리 중요하지 않다. 영어 표현의 '일관성'을 지키는 것이 매우 중요하다. 영국 배우 휴 그랜트가 미국 배우 톰 크루즈처럼 치즈 발음한다면 어떨까? 예를 들어 미국식 억양으로 영국인들이 자주 사용하는 "블러디(bloody)"라는 표현을 쓰면 상당히 어색하게 들릴 것이다. 문화 코드의 '일관성'이 깨어지기 때문이다. 문화 코드란, 피자를 먹을 때 콜라를 같이 마시는 것과 같은 것이다. 특별한 논리적인 또는 과학적인 근거는 없지만 같은 문화권 사람들이 취하는 일정한 행동 방식이다.

예전에 캐나다 토론토에 사는 후배를 만나러 간 적이 있었다. 고속도로에서 지루함을 달래기 위해서 FM 라디오를 켰다. 캐나다의 라디오 방송을 듣다가 당황한 적이 있다. 프로그램은 영국 영어로, 광고는 미국 영어로 나오는 경우가 많았기 때문이다. 휴 그랜트와 톰 크루즈가 각자의 악센트로 대화를 주고받는다고 상상해보자. 두 사람 모두 영어 원어민이지만 느낌은 천지차이다.

80~90년대 국내 영어 방송은 주한 미군 방송인 AFKN(American Forces Korea Network)뿐이었다. 2001년 AFN Korea로 변경된 이 방송은 주한 미군을 대상으로 하는 만큼 민간인과는 관계없는 전문적인 내용이 상당히 많다. 미국인을 제외한 다른 청취자에게는 별다른 정보가 없지만 미국식 발음을 정확히 배울 수 있다는 장점이 있다.

AFKN의 영향력이 점차 커지자 정부는 채널을 VHF 2번에서 UHF 34번으로 변경했다. 참고로, VHF 방송은 TV에 장착된 막대기 모양의 안테나를 사용하지만, UHF 방송은 별도로 직사각형 모양의 안테나를 구매해야 했다. (2023년 AFN은 위성 TV 채널 1개, AM 라디오 채널 1개, FM 라디오 채널 1개를 운영한다.)

언어 학습의 일관성을 높이기 위해서는 '선택과 집중'이 필요하다. 특정 프로그램을 고르되, 가능하다면 미국식 영어를 구사하는 프로그램이 좋다. 미국식 영어를 공부하려면 CNN 앵커 발음에 가장 비슷한 프로그램을 택하는 방법을 추천한다.

루돌프는 사슴이 아니다

"루돌프 사슴코는 매우 반짝이는 코."
"만일 내가 봤다면 불 붙는다 했겠지."

해마다 크리스마스 시즌이 다가오면 귀에 익숙한 캐럴이 들려온다. 그 가운데 〈루돌프 사슴코〉라는 미국 동요가 있다. 원곡("Rudolph the Red-Nosed Reindeer") 가사를 한글 가사와 비교해보면 커다란 차이점이 있다. 첫째, 루돌프는 사슴(deer)가 아닌 순록(reindeer)이다. 둘째, 산타클로스가 루돌프에게 썰매를 끌어달라고 한 날은 크리스마스 당일이 아니라, 하루 전인 크리스마스 이브이다. 〈루돌프 사슴코〉는 아이들의 이해를 돕기 위해 친절히 번역한 탓에 오역이 많아졌던 것이다. 문제는 이 같은 오역에 둔감해지다 보면 잘못된 영어 습관이 생길 수 있다. 고급 영어 구사의 기본은 잘못된 한국식 영어 습관을 바로잡는 것이다.

잘못된 한국식 영어 표현을 흔히 콩글리시(Konglish)라고 부른다. 일상생활에서 콩글리시에 익숙해지다 보니 정확한 표현과 헷갈리는 일까지 생긴다. 콩글리시는 크게 두 가지로 나눌 수 있다. 첫째는 발음을 틀리는 경우다. 대형 마트에 가면 여러 벌의 옷을 걸 수 있는 옷걸이(hanger)가 있다. 국내에서 판매되는 옷걸이에는 '행거'라고 표기되어 있다.

1993년도 영화 〈클리프행어(Cliffhanger)〉는 미국 록키 산악공원 전직 구조대원 게이브(실베스터 스탤론)가 폭풍 속에서 온 구조 요청을 받고 산으로 향한다. 정상에 오른 게이브는 조난자 일당이 운반 중인 금고를 가로챈 미국 내무부 직원들이란 사실을 알게 된다. 가이드로 이용당하는 척하면서 익숙한 지리를 이용해서 테러리스트들을 무찌른다는 내용이다. 악당 두목의 명대사가 아직도 생생히 기억이 난다.

"두서너 명을 죽이면 살인자가 되지만 백만 명을 죽이면 정복자가 되지."
(Kill a few people, they call you a murderer. Kill a million and you're a conqueror.)

이 영화의 제목 〈클리프행어〉는 주의해서 봐야 한다. 띄어쓰기 여부에 따라서 뜻이 달라진다. 띄어쓸 경우, 등반할 때 사용하는 좁은 훅이다. 절벽에서 발을 대거나 손을 잡지 못할 때 일시적으로 지지대를 만들기 위해 부착한다. 반면 붙여쓰거나 중간이 하이픈(-)을 넣는 경우는 "절벽에 매달려 있는 사람"이란 뜻이다. 또한 사람이 절벽에 매달려 있는 것처럼 손에 땀을 쥐게 하는 상황, 영화, 드라마 등을 의미하기도 한다.

영화 예고편에서 "Stallone Cliffhanger"라고 홍보한다. 국내 포스터에 제목을 〈클리프행거〉로 잘못 표기하는 해프닝이 벌어졌다. 당시 모든 영화 포스터가 한꺼번에 리콜된 적이 있었다. 뿌리 깊은 콩글리시의 저력을 보여준 사례다.

두 번째는 원래 의미와는 전혀 다른 뜻으로 사용하는 것이다. 2009년도

SBS 드라마 〈스타일〉은 화려하고 치열한 패션 잡지사에서 고군분투하며 자신 만의 스타일을 찾아가는 네 남녀의 좌충우돌 이야기를 다룬 드라마이다. 주인공 박기자(김혜수)는 잡지사 스타일의 편집장이며 매우 침착한 여성이다. 그녀는 "엣지 있게"라는 표현을 자주 쓴다. 텔레비전 광고에서 시작된 이 표현은 '강렬하고, 개성 있고, 뚜렷하게 두드러졌다'라는 뜻이다. 멋있는 옷차림 또는 그림으로 그린 듯 윤곽이 뚜렷한 얼굴 등을 의미한다.

영어에서 edge는 가운데에서 가장 먼 가장자리 또는 모서리를 의미한다. 첨단 과학은 영어로 커팅 에지 테크놀로지(cutting edge technology)라고 한다. 평범한 중간에서 가장 멀다는 뜻이다. 국내에서는 사람의 조건을 가리켜 스팩(spec)이라고 한다던가, 장점을 말할 때 메리트(merit)라고 표현하기도 한다. 미국에서는 스펙은 specification의 준말로 사람이 아닌 사물에만 적용되고, 메리트는 일상 대화에서 잘 사용되지 않는다. 미국인에게 메리트라고 말하면, 고개를 갸우뚱하는 것이 바로 그래서다.

제발 단무지 좀 주세요!

일부 언어학자들은 미국 영어가 영국 영어보다 더 보수적이라고 주장한다. 새로운 변화에 소극적이라고 뜻이다. 현대 미국 영어가 중세 영어에 더 가깝다고 주장한다. 엘리자베스 1세 시대의 특징을 그대로 이어온 '17세기' 표준 영어에 더 가깝다는 것이다. 미국 내의 최초의 영국 식민지는 1607년 버지니아에 건설된 "제임스타운(Jamesetown)"이었고, 미국은 영국 식민지 지배를 벗어나기 위해서 1776년 독립선언을 했다.

미국식 발음의 특색이 영국식 발음의 전례를 가지고 있고 현재 영국 방언의 특징도 가지고 있다는 점을 근거로 제시한다. 언어의 '보수성'이란, 언어가 그 본고장을 떠나는 경우 변화에 소극적으로 대처한다는 뜻이다.

이런 사례는 한국어에서도 찾아볼 수 있다. 재미교포들은 한국을 떠날 당시의 한국어와 한국 문화를 그대로 사용하곤 한다. 미국 미시간주 이스트 랜싱에 위치한 한식당 찰리강(Charlie Kang's)에서 식사를 하다가 김치와 단무지가 떨어져서 백인 직원을 불렀다.

"김치랑 단무지를 더 주세요."
(Please bring me more Kimchi and Danmooji.)

내 테이블에 잠시 정적이 흘렀다. 직원은 단무지가 뭔지 모르는 듯 약간 당황한 기색을 내비쳤다. 난 옆 테이블에 노란 단무지 국물이 남아 있는 접시를 가리키며 말했다.

"저것이 단무지입니다."
(That is Danmooji.)

그러자 그는 활짝 웃으면서 소리쳤다.

"당신은 '다꽝'을 말씀하신 거군요!"
(You mean Dakwang!)

단무지를 둘러싼 그 날의 해프닝은 이렇게 끝났다. 1980년대에 미국으로 이민을 온 한국 음식점 주인은 당시 국내에서 사용하던 일본식 표현 '다꽝'을 미국인 직원에게 그대로 전수했다. 국내에서 더 이상 쓰지 않는 '다꽝'이라는 일본식 표현이 미국 교민 사회에서 그대로 살아남은 것이다. 이처럼 언어는 본고장에서 고립될 경우에 변화에 더욱 소극적으로 반응하는 경향이 있다.

2. 읽을 때와 쓸 때가 다르다

영어는 글자와 소리의 갯수가 다르다. A부터 Z까지 26개의 글자가 43개의 소리로 표현된다.

글자 (26자)
a, b, c, d, e, f, g, h, i, j, k, l, m, n, o, p, q, r, s, t, u, v, w, x, y, z

소리 (43개)
① 모음 발음(15개): eɪ, æ, i, ɛ, ɑɪ, ɪ, oʊ, ɑ, ju, ʌ, ʊ, u, ɔ, ɔɪ, aʊ

② R-발음(4개): ɚ, ɑr, ɔr, ɛr

③ 자음 발음(24개): b, tʃ, d, f, g, h, dʒ, k, l, m, n, ŋ, p, r, s, ʃ, t, θ, ð, v, w, y, z, ʒ

영어 공부를 할 때 글자(알파벳)를 그대로 읽으면 안 된다. 특히 모음은 상대적인 위치에 따라서 다르게 발음된다. 다섯 개의 모음(a, e, i, o, u)은 무려 15개로 발음된다. 영어는 글자(알파벳)와 전혀 다른 발음 기호로 읽어야 해서 발음이 어렵다. 외국인들이 알파벳을 알아도 영어 단어를 제대로 발음하기 어려운 근본적인 이유다.

톰 크루즈는 거꾸로 읽는다

원어민들도 영어 글자와 소리의 차이점 때문에 학습 장애를 겪는 경우가 있다. 대표적으로 난독증(dyslexia)을 들 수 있다. 난독증은 미국에서는 이미 질병으로 취급받지만, 극복한 이들 중에는 유명 인사도 상당히 많다. 발명가 토머스 에디슨, 상대성 이론을 개발한 물리학자 알베르트 아인슈타인, 과학자이자 예술가였던 레오나르도 다빈치, 심지어 미국의 제43대 대통령 조지 W. 부시도 난독증 환자로 알려져 있다.

난독증이 있는 유명 인사 중 할리우드 스타 톰 크루즈가 있다. 2022년 〈탑건: 매버릭(Top Gun: Maverick)〉으로 무려 35년 만에 1987년도 작품 〈탑건(Top Gun)〉 2편으로 돌아왔다. "톰 아저씨"라는 다정한 애칭이 그의 인기를 보여주듯이, 국내 관객수 8백만을 돌파하는 기염을 토했다. 글로벌 스타인 그에게도 남들에게 말 못한 고민거리가 있었다. 매일 대본을 읽고 외워야 하는 영화배우에게 정확히 읽을 수 없는 난독증은 얼마나 큰 어려움이었을까? 혼자서는 대본을 제대로 읽을 수 없던 그는 다른 사람이 읽어주는 대사를 듣고 외웠다고 고백했다.

톰 크루즈는 12세 때 부모가 이혼한 후 수도원에 들어갈 무렵부터 난독증 증세가 나타나기 시작했다고 알려졌다. 일반계 고등학교로 돌아온 후 심한 난독증 때문에 학점이 그리 좋지 않았지만 연기와 레슬링에 남다른 재능을 보였다. 그는 1995년 CNN 〈래리 킹 라이브(Larry King Live)〉 쇼에 출연해서 난독증을 털어놓으며 종교의 도움으로 이겨냈다고 말했다. 기존의 제도권 교육에서 고칠 수 없었던 것을 종교의 힘으로 극복했다는 점을 눈여겨보자. 난독증은 그만큼 고치기가 어렵다.

할리우드와 달리 충무로에서는 영화 대본을 제대로 못 읽는 난독증 배우를 찾아보기는 힘들다. 음절은 영어로는 syllable이다. 영어 시간에 강세를 찾을 때 쓰는 것이 바로 이 음절이다. 예를 들어 béau-ti-ful은 3음절로 된 단어이고, 첫 음절에 강세가 있다. 영어는 글자와 소리의 수가 다르다. 음절 단위로 발음이 바뀐다. 이런 특징이 미국 학생들의 난독증 비율이 높은 이유라고 지적하는 음성학자들도 있다.

난독증이 영어권에만 있는 것은 아니다. 홍콩 배우 성룡도 난독증이 있다고 알려져 있다. 그는 할리우드에서 "재키찬(Jackie Chan)"이라는 이름으로 활동하고 있으며, 이소룡 이후 미국인들에게 인정받는 최고의 동양 액션 배우다. 예전에 우리가 명절마다 텔레비전에서 특선 영화로 〈러시 아워(Rush Hour)〉 등의 성룡 영화를 봤듯이, 미국 방송에서도 그가 주연한 영화를 가끔 접할 수 있다. 중국어로 된 대본을 제대로 읽을 수 없던 성룡에게 대만 출신 부인 임봉교가 대신 읽어주었다고 한다.

난독증이 영어권에서 자주 발생하는 이유는 영어 어휘의 '방향성' 때문이다. 영어 알파벳은 글자의 상대적인 위치에 따라서 발음이 변한다. 대표적인 난독증 증상은 글자 순서가 뒤바뀌어 보이는 것이다. 학생을 뜻하는 'student'를 거꾸로 쓰면 'theduts'가 되는데, 이 단어가 학생임을 알아차릴 수 있는 원어민은 거의 없을 것이다. 영어는 철자 순서가 바뀌면 발음도 바뀌기 때문에 이해하기가 더욱 힘들어진다.

AMBULANCE

한글은 거꾸로 읽어도 '음절 단위' 발음이 변하지 않는다. '대한민국'이라는 단어를 거꾸로 쓰면 '국민한대'가 되는데, 뜻을 곧바로 이해하지 못할지라도 음절 단위의 발음은 같다. 거꾸로 쓴 영어 단어는 읽거나 이해하기가 어렵지만, 한국어에서는 어느 정도의 뜻을 파악할 수 있다. 미국의 앰뷸런스는 자동차 정면에 AMBULANCE를 좌우로 뒤집어서 붙여놓는다. 구급차보다 앞서 달리는 차의 운전자가 백 미러나 사이드 미러를 통해서 즉시 알아볼 수 있게 하기 위해서다.

너의 이름은…… '아에네'?

2008년 스페인 바르셀로나에 여행을 갔을 때 생긴 일이다. 호텔 프런트 데스크에서 체크인을 하려는데 여직원이 어수룩한 영어로 내 성(last name)을 물었다.

"제 성은 '안'입니다. 에이 그리고 엔."

(My last name is An. A and N.)

내게 성을 물어본 미국인에게 "An(안)"이라고 말하면 당황하는 경우가 많았다. 영어에는 없는 성이기 때문이다. 대부분 철자가 비슷한 Ann 또는 Anne으로 착각한다. 문제는 둘 다 여자 이름이라는 점이다. 참고로 단어 끝에 붙은 'e'는 여성을 의미한다. (할리우드 여배우 앤 해서웨이(Ann Hathaway)는 Ann을, 2019년도 넷플릭스 드라마 시리즈 〈빨간 머리 앤〉의 영어 원제목은 〈Anne with an "E"〉에서 여자 주인공 이름은 Anne이다.)

이런 민망한 상황을 피하기 위해서 묘수를 찾았다. 스펠링이 "에이(A), 앤(N)"이라고 하나씩 또박또박 끊어서 발음을 해주는 것이다. 미국에서는 한 번도 발생하지 않은 상황이 벌어졌다. 여직원이 컴퓨터 모니터를 보며 예약이 없다고 조심스럽게 말했다. 잠시 후 스페인어의 알파벳 발음이 영어와 다르다는 사실이 떠올랐다. "아(A), 에네(N)"라고 다시 말하자, 호텔 직원은 환하게 웃으면서 키를 건네주었다. 영어와 스페인어가 비슷한 알파벳을 사용하지만, 발음은 상당히 다르다는 점이 피부로 와닿은 순간이었다.

영어와 스페인어의 발음 체계는 상당히 다르다. 스페인어는 한글처럼 글자 그대로 발음하면 된다. 바르셀로나 호텔에서 생긴 에피소드는 영어 발음 체계의 문제점을 여실히 보여준다. 발음 기호는 글자의 규칙인 문법처럼 미리 약속된 코드지만, 영어 공부를 위해서는 낱소리(자음과 모음)를 귀와 입으로 익히는 훈련이 반드시 필요하다.

발음 기호에는 단점이 있다. 예외가 상당히 많아 일정한 소리의 규칙을 찾아내서 단어의 소리를 예측하기가 쉽지 않다. 같은 철자가 다른 의미와 발음을 갖는 경우도 있다. 예컨대 tear는 두 가지 의미를 가지고 있다. '눈물'을 의미하는 명사로 쓰일 경우와 '찢다'를 의미하는 동사로 쓰일 경우 발음이 다르다. 명사로 쓰일 때는 tier(계단의 층)와 발음이 같다. 2013년 미국 가수 에릭 클랩튼이 발표한 〈Tears in Heaven〉이라는 노래가 있다. 곡명을 그대로 해석하면 '천국의 눈물'이다. 에릭 클랩튼이 뉴욕의 고층 아파트 창문에서 추락사한 네 살짜리 아들을 그리워하면서 쓴 추모곡이다.

이런 배경을 모를 경우, 권상우와 최지우가 주연으로 출연했던 SBS 드라마 〈천국의 계단〉의 주제곡으로 오해할 수도 있지 않을까? 참고로 드라마 〈천국의 계단〉의 영문명은 〈Stairway to Heaven〉이고 주제곡은 레베카 루커의 〈아베 마리아(Ave Maria)〉이다. 당시 가수 김범수의 노래 〈보고 싶다〉가 OST로 실리면서 큰 인기를 끌었다. 드라마 제목은 주인공 오빠 한태화가 그린 수채화 제목이다. 서울시교육청 주최 사생대회 수채화 부문 최우수상을 수상했다.

"한정서! 너 나 좋아 싫어!"

인터넷에는 "공포의 회전목마"로 알려진 동영상이 큰 인기를 끌고 있다. 역변의 순간이라는 해시태그까지 되여져 있다. 아역 한태화(이완)와 한정서(박신혜)가 롯데월드에서 회전목마를 타면서 어른이 되는 장면이다. 한태화의 성인역을 맡은 신현준의 외모가 너무 달라서 논란이 일었다. 일설에 의하면, 스페인 시청자들은 이 장면을 보고 울음까지 터뜨렸다는 이야기까지 있다.

영어는 발음에 어려운 점이 많다. 글자와 소리 수가 다르기 때문에 발음 기호를 사용한다. 문제는 사전마다 발음 기호를 다르게 표기하기도 하고, 지나치게 의존할 경우 발음 기호를 보지 않고서는 읽을 수 없게 된다는 것이다. 처음부터 소리 자체를 귀와 입으로 익히면서 영어의 감각(센스)을 키우는 훈련이 필요하다.

큰소리로 써라

영어 학습서 중에서 '큰소리로 읽으라!'고 알려주는 책이 있다. 큰소리로 읽으면 발음이 좋아질까? 물론이다! 큰소리로 영어를 읽는 것은 음소 인식에 도움이 되기 때문이다. 영어 실력을 향상하려면 자신이 발음한 단어를 자신의 귀로 들으면서 교정해나가는 과정이 필요하다.

"제대로 발음하지 못하는 단어는 들리지도 않는다."

1990년 봄 미국 유학을 앞두고 이익훈 선생의 토플 강의를 들을 때였다. 당시 그는 지하철 종각역 3-1번 출구 앞 종로외국어학원(현 센트로폴리스 자리: 2005년 종로이익훈어학원에 인수되어 플랜티어학원으로 명칭변경 됨)에서 L/C 토플 강사로 명성이 자자했다. 당시 영어이름 IKE로 유명했다. (당시는 '지면 기반 시험(Paper Based Test: PBT)' 형식으로 종이 시험지와 OMR 카드를 사용했다. 1964년에서 2017년까지 시행되었던 방식으로 만점은 677점이며 읽기(Reading Comprehension: R/C, 듣기 (Listening Comprehension: L/C), 어법(Grammar)의 세 파트로 구성되어 있었다.)

"홍길동씨 집인가요?"

"네, 누구시죠?"

내가 본 IKE선생의 강의 방식은 두 가지 특징이 있었다. 첫째, 수업 시간마다 출석을 확인한 후, 결석한 학생들의 집으로 일일이 전화했다. 수업에 참여한 모든 학생들이 잘 들을 수 있도록 '스피커폰'으로 전화하던 철저한 강사였다. 둘째, 당시 교재로 사용하던 카세트 테이프를 정지 상태에서 되감기를 반복하면서 발음을 꼼꼼히 교정해 주었다.

수업 시간에 발음 교정의 중요성을 여러 번 강조하곤 했다. 정확히 발음한 단어만을 들을 수 있다고. 고등학교를 갓 졸업한 내게는 사뭇 충격적인 말이었다. 그때까지는 듣기와 말하기를 별개라고 생각했기 때문이다. 미국에서 생활을 해보니 그의 말이 사실임을 깨닫게 되었다. 발음 교정을 하지 않을 경우, 말하기와 듣기 실력이 크게 향상되지 않았기 때문이다.

미국 중고등학교에는 스펠링비(Spelling Bee)라는 행사가 있다. 비(bee)는 무하마드 알리가 말했던 "나비처럼 날아서 벌처럼 쏴라(Fly like a Butterfly, Sting like a Bee.)"의 벌이 아니라 경쟁(competition)을 의미한다. 같은 철자의 단어도 문맥에 따라서 다른 뜻으로 사용되는 좋은 예다. 스펠링비는 영어 철자 맞히기 대회로 큰 행사다. 영어 원어민들도 스펠링을 잘 모른다는 사실을 반증하는 행사이다.

미국과 달리 국내에서는 철자 맞히기 대회는 없다. 단어를 듣고도 철자를 크게 틀리는 사람은 청력에 문제가 있다고 보기 때문이다. 영어를 잘하기 위해서는 큰소리로 읽으면서 음소에 익숙해져야 한다. 눈으로는 글자 코드를 보면서 입과 귀로 소리 코드를 맞추어가는 감각 훈련이 필요하다. 영어 단어를 큰소리로 읽으면서 동시에 쓰는 훈련이 효과적이다.

눈으로 들어라

1992년 미국 유학을 간 지 2년 후에 생긴 일이다. 어느 날 영어 실력이 늘지 않고 정체된 느낌이 들었다. 슬럼프가 찾아온 것이다. 왜 그럴까? 곰곰이 생각해보니 현지 생활 영어에 익숙해졌기 때문이었다. 모르는 단어가 나와도 문맥을 통해 뜻을 대충 짐작할 수 있게 되었다. 한마디로 영어 감각이 생긴 것이다. 이런 센스는 국내에서 영어 공부를 할 때는 상당히 고무적이지만, 유학생에게는 매너리즘에 빠질 수 있는 위기 상황이다.

영어 공부의 매너리즘을 극복하기 위해 새로운 학습 방법을 찾게 되었다. 친한 선배가 텔레비전을 자주 보라고 권해주었다. 시청할 때 청각 장애인을 위한 자막 방송인 캡션(caption)을 반드시 켜라고 말해주었다. 미연방통신위원회(FCC)는 당시 모든 공중파 프로그램에 자막 방송을 의무화했고 화면 하단에 자막을 표시해주는 캡션이라는 기기를 텔레비전에 설치하도록 했다. 원하는 언어의 자막과 음성을 선택할 수 있는 DVD가 없던 1990년대 기준으로는 나름 첨단 기술이었다. 캡션을 켜고 보니 잘 들리지 않던 발음과 단어 간의 연음을 이해하는데 큰 도움이 되었다.

1995년 귀국한 후, 5년 만에 종로외국어학원을 다시 찾았다. 정문 앞에 있던 포장마차 토스트 가게는 여전히 그 자리를 지키고 있었다. 당시 유망 직종으로 각광받던 '동시통역사'의 꿈을 꾸면서 학원 준비반에서 스크린 영어 과목을 수강한 적이 있다. 당시 강사는 동시통역사 출신으로 매우 꼼꼼하게 잘 가르쳐주었다.

약간 아쉬운 점이 있었다. 당시 교재는 1969년도 영화 〈사운드 오브 뮤직(The Sound of Music)〉과 1959년도 영화 〈벤허(Ben-hur)〉였다. 과연 무엇이 문제였을까? 〈사운드 오브 뮤직〉은 대부분의 출연자들은 오스트리아 악센트가 상당히 심했고, 〈벤허〉는 로마 시대에 사용된 고어가 너무 많아서 실생활 위주의 어휘력 향상에는 큰 도움이 되진 않았다.

당시에는 국내에서 미국 영화 또는 미국 드라마의 대본을 구하기가 쉽지 않았고, 길거리에서 외국인을 만나는 일도 매우 드물었다. (2012년 AFN 아날로그 지상파 방송의 송출이 중단됐다.) 유학생들 사이에서는 미국에서 구입한 캡션 TV와 캡션이 포함된 VHS 비디오 테이프를 가져오는 것이 유행이었다. 당시 국내에서는 구할 수 없었기 때문이다. 요즘에는 반복 학습을 하기에 매우 편한 전자 기기들이 많다. MP3 플레이어는 단추 하나만 눌러도 무한 반복을 할 수 있다.

하지만 중요한 것은 반복 횟수가 아니라 '집중력'이다. 동시통역사 출신의 스크린 영어 강사가 강조한 말이 아직도 생생하다. "무조건 많이 듣는다고 리스닝이 느는 것은 절대 아니다. 중요한 것은 들을 때의 집중력이다." 그는 극장에서 좌석을 안내하는 직원을 예로 들었다. 극장 직원은 직업 특성상 하루에도 몇 번씩 같은 영화를 보게 된다. 과연 그들의 영어 실력은 자연스럽게 향상될까? 아니다. 집중하지 않고 그냥 흘려듣는 히어링(hearing)일 뿐이다. 집중력 있게 듣는 리스닝(listening)이 필요한 것이다.

3. 다양한 이야깃거리로 극복하라

미셸 오바마는 어떤 드라마를 좋아할까?

미국 드라마의 열풍이 거세다. 시트콤 〈프렌즈〉의 대본을 수업 교재로 사용하는 영어 학원이 늘어나고, 대형 서점에서 미국 드라마의 명대사집을 쉽게 찾아볼 수 있다. 미국 드라마 대사를 통째로 외운다면 영어 실력이 향상될까? 영어 회화에 어느 정도 도움이 될 수 있으나 전반적으로는 큰 효과를 보기 힘들다.

근본적인 이유는 지역과 계층에 따라 쓰는 표현과 어휘가 다르기 때문이다. 당시 드라마의 주인공은 대부분 동부 출신 백인이다. 미국 드라마의 전설로 잘 알려진 〈프렌즈〉 또는 〈섹스 앤 더 시티〉를 머리속에 떠올려보면 흑인 주인공이 단 한 명도 없다는 사실을 깨닫게 될 것이다. 만약 당신이 흑인을 만났다면 밤새 암기한 주옥같은 명대사로 그의 관심을 끌기는 어렵다. 무덤덤한 상대의 반응을 보면서 당신의 표정은 서서히 굳어갈 것이다. 당신의 영어 발음 또는 연기력에 문제가 있는 것이 아니다. 백인 스타일의 농담에 흑인은 잘 웃지 않는다. 개그 코드가 다르기 때문이다.

할리우드에서는 흑인을 위한 장르는 별도로 제작된다. 대부분의 경우, 흑인 남자가 주인공인 블랙 코미디로, 지명도가 약간 떨어지는 백인 배우들이 조연으로 출연한다. 흑인 콘텐츠는 스크린보다는 시트콤 등의 TV 브라운관에서 더욱 영향력이 크다. 대부분의 블록버스터 할리우드 영화는 백인 관객을 위주로 제작하기 때문이다.

일반적으로 소자본의 흑인 영화는 흥행 면에서는 큰 성과를 거두기 힘들지만 미국 사회의 한 축을 이루는 흑인들의 이야기를 담으므로 콘텐츠의 다양성에 이바지한다. (물론 이 불문율이 깨진 적이 있었다. 2018년 개봉한 채드윅 보즈먼 주연의 영화 〈블랙 팬서(Black Panther)〉이다. 그는 마블 제작사의 두 편의 어벤져스 시리즈에서 출연 후, 큰 인기를 얻었다. 촬영지 중에 부산이 포함되면서 국내 관객에 호응이 좋았고, 초중고학생들 사이에서는 "와칸다 포에버!"라는 유행어까지 퍼졌다.)

드라마의 배경도 눈여겨봐야 한다. 2005년도 FOX 드라마 〈프리즌 브레이크(Prison Break)〉에서는 건축가인 동생이 누명을 쓰고 복역 중인 형을 탈옥시키는 이야기다. (이 드라마는 총 89부작으로 제작됐고, 시즌 5는 2017년에 디즈니플러스에서 스트리밍 됐다.) '폭스 리버(Fox River)'라는 가상의 감옥에서 벌어진 일을 다루고 죄수들만 사용하는 은어와 속어로 가득 차 있다. 국내에서는 '석호필'로 더 유명했던 주인공 마이클 스코필드(웬트워스 밀러)는 감옥에서 피쉬(fish)라고 불린다. 물고기가 아니라 감옥에서 통용되는 속어로, '신참 죄수'를 말한다. 다른 곳에서 사용하면 상대방의 눈총을 받기 쉽다. 상대를 얕잡아 보는 뉘앙스를 풍기기 때문이다. 한국어로 말하자면 '애송이'와 비슷하다. 처음 보는 사람을 '애송이'라고 부른다면 상대방은 상당히 불쾌해할 것이다. 이렇듯 미국 드라마의 대사를 그대로 사용하는 것은 피해야 한다. 참고로 국내 시청자들의 더빙 방송에 대한 반감으로 SBS는 2008년 시즌 2까지만 방송을 했다. 결과적으로 국내 방송국의 외국 드라마 더빙 시대의 막을 내리게 한 작품이 되었다.

CBS 드라마 〈CSI: 과학수사대 (CSI: Crime Scene Investigation)〉는 2000년부터 5년간 방영되었다. 원래는 라스베이거스를 배경으로 하나, 〈CSI: 마이애미〉, 〈CSI: 뉴욕〉, 〈CSI: 사이버〉라는 스핀오프 시리즈가 나왔다. 제목 그대로 범죄 현장을 수사하는 경찰팀의 이야기를 소재로 다룬다. 드라마 특성 상, 법률 용어가 많이 나와 영어 공부에 도움이 될 수 있다. 덤으로 미국 형법에 대한 지식도 쌓을 수 있다. 문제는 대부분의 미국 여성이 〈CSI〉 시리즈에 관심이 거의 없다는 점이다. 내용이 다소 복잡하고 잔인한 장면이 많이 나오기 때문이다. 미국 여성에게 드라마 〈CSI: 과학수사대〉 이야기를 하면 별다른 호응을 기대하기 힘들다.

이럴 때에는 드라마 〈섹스 앤 더 시티〉가 대화 소재로 딱이다. 뉴요커인 주인공 캐리는 성(性) 칼럼니스트이며, 세 명의 백인 여성 친구들과 함께 나온다. 여성 뉴요커의 성생활을 모티프로 한 캐리의 자극적인 내레이션 덕분에 이 드라마는 백인 여성 사이에서 상당한 인기를 끌었다. 반면 백인 남성들은 큰 관심이 없었다. 남자들의 시선을 잡아끄는 노출이나 액션 장면을 찾아보기 힘들기 때문이다. 계속 자신들의 남성 파트너에 대한 '판타지'를 이야기하는 텔레비전 토크쇼 분위기다. 백인 남성에게는 〈판타지 앤 더 시티〉라는 제목이 더 많은 공감을 불러일으킬지 모른다.

만약 미국 역사상 첫 번째 흑인 영부인인 미셸 오바마를 만난다면 무슨 드라마 이야기를 나누는 게 좋을까? 하버드 로스쿨 출신인 그녀는 미국 동부의 보스턴 로펌에서 근무하는 여자 변호사의 일상 생활을 소재로 한 드라마 〈앨리 맥빌(Ally McBeal)〉에 관심이 많을 테고, 최초의 흑인 대통령을 소재로 하는 드라마 〈24〉에는 분명히 관심이 있을 것이다.

드라마 〈24〉의 경우, 내가 워싱턴 D.C. 연방 기관에서 인턴을 할 때 너무 재미있게 봤던 기억이 난다. 대테러 연방 요원 잭 바우어가 겪은 하루 24시간을 한 편에 1시간씩 배정해서 다양한 관점에서 제작했다. 국내에서는 큰 인기를 없었지만, 미국에서는 상당한 흥행을 했다. 시즌 1이 처음 나왔던 2001년에는 흑인 대통령이 나온다는 것은 영화나 드라마에서나 가능한 비현실적인 이야기였다. 7번째 스페셜 시즌 리뎀션(Redemption)은 2008년 11월 8일 미국 대통령선거 직후에 방영되면서 드라마의 예언은 적중했다.

미셸 오바마는 드라마 〈섹스 앤 더 시티〉의 주인공 캐리의 뉴요커 패션 스타일을 자주 따라 한다고 알려져 있으나, 시카고 출신인 그녀가 뉴요커 영어 표현을 선호하진 않을 것이다. 상대의 성향을 미리 파악하는 것이 대화의 성공 여부를 좌우한다. 유명한 대사를 앵무새처럼 외워서 이야기한다면 큰 호응을 얻기는 힘들다. 모든 대화는 상대와의 소통이기 때문이다. 나와 이야기하는 사람이 누구인지를 먼저 파악하고 대화에 알맞은 내용과 표현을 선별해야 한다.

이야기 상대의 출신 지역과 교육 수준을 고려해 적절한 어휘를 선택하라. 여성 뉴요커와 비즈니스 미팅을 한다면 드라마 〈섹스 앤 더 시티〉를 언급하면 공감대가 형성될 가능성이 높다. 다른 지역 출신의 여성과 이야기할 때는 단어 선택에 주의해야 한다. 미국 드라마의 국내 순위와 현지의 인기도가 다른 경우도 있다. 특정 드라마에만 몰입하지 말고 다양한 프로그램을 폭넓게 공부해서 언어 감각(센스)을 익히는 것이 중요하다.

당신은 왜 계속 웃나요?

요즘에는 영어 실력이 상당한 국내파를 쉽게 볼 수 있다. 어학연수도 다녀오지 않고서 그런 실력을 갖췄다는 사실이 매우 놀랍다. 우연한 기회에 미국 친구와 식사를 같이 하게 되었는데 예상치 못한 일이 벌어졌다. CNN 앵커 발음으로 무장한 국내파 영어 달인의 이야기에 그 미국인은 별 관심을 보이지 않았다. 달인의 이야기를 자세히 들어보니 암기해온 문장을 순서대로 읽고 있는 것이 아닌가! 대화가 아닌 암기였다. 영어를 잘하지 못하는 사람에게는 청산유수로 말하는 그가 영어 달인으로 보일지도 모르지만, 원어민에게는 자신의 말에 귀를 기울이지 않고 자기 말만 계속하는 매너 없는 외국인일 뿐이다.

대화의 기본은 소통이다. 테니스 경기에서 두 선수가 공을 주고받는 랠리(rally)처럼. 대화 중에 적절한 리드도 필요하다. 기계적인 암기에 의존하다 보면 자신이 잘 아는 화제아 소재에만 집착하게 된다. 관심 분야에서 대화가 벗어나면 눈치만 보다가 "하하하(hahaha)!"하고 실없이 웃어넘긴다. 소통은 단절된다.

"왜 한국인들은 다 알아듣는 척을 하는가?"

한국인들의 회화 습관에 대한 대표적인 지적이다. 처음에는 내용을 전부 이해하고 있는가 싶었더니, 나중에 풍딴지같은 소리를 하는 경우가 많았기 때문이다. 왜 이해하지 못하고도 아는 척을 할까? 대화 상대가 불쾌하게 받아들여지지 않을까? 상대방이 자신의 말을 이해하고 있다는 전제로 열심히 이야기의 진도를 나가는데, 모르면서도 아는 척하는 경우 자신을 속이는 것으로 여긴다. 미국에서는 내용을 이해하지 못했다면 이야기 도중이라도 질문하는 경우가 많다.

현실적인 목표를 세우는 것이 중요하다. 단기 해외 연수를 통한 영어 능력 향상이 학습 목표라면 영어 학원의 단기 집중 코스로 효과를 볼 수 있다. 유학 또는 이민을 준비하는 경우, 학원에 의존하기 보다는 자신의 약점을 보완하는 '선택과 집중'이 필요하다. 예를 들어, 별다른 생각 없이 토플 종합반 수업을 듣는 것보다는 말하기, 듣기, 쓰기, 읽기 중에서 자신이 약한 부분을 집중 수강하는 것이 더 효과적이다. 언어 능력의 개인적인 편차도 감안하라. 친구 따라 강남 가듯이 이 강의 저 강의를 기웃거리기보다는 자신의 레벨에 적합한 수업을 꾸준히 듣는 것이 낫다.

영어는 나이 순이 아니잖아요

2009년 가을 강남에 있는 〈펠리스(Feliz)〉 스페인어 학원에서 생긴 일이다. 초급반에 중학생과 직장인이 함께 수강하고 있었다. 교복 차림의 학생은 맨 앞줄에, 넥타이를 맨 30대 직장인은 맨 뒷줄에 있었다. 강사가 학생들에게 질문을 했다.

"여러분, 스페인어로 '삶'이 무엇인가요?"

그러자 맨 앞줄에 앉아 있던 중학생이 번쩍 손을 들면서 큰소리로 말했다.

"뜨레스!"
(Tres!)

tres는 스페인어로 숫자 3이다. 강사가 고개를 가로젓자 맨 뒷줄에 있던 직장인이 다른 답을 냈다.

"비다!"
(Vida!)

강사는 고개를 끄덕였다. 중학생이 '삶'을 발음이 같은 아라비아 숫자 '삼(3)'으로 잘못 이해한 것이다. 반면 직장인은 소리가 비슷하나 뜻이 다른 '삶'임을 금새 파악했다. 외국어 학습은 단순한 암기가 아니다. 언어는 문화에 대한 이해 없이는 제대로 배우기가 힘들다.

언어 능력은 단순히 신체적 나이에 좌우되진 않는다. 개개인의 언어 능력 차이가 더 큰 영향을 준다. 어린이는 어른과 달리 암기력이 뛰어나고 사물을 선입견 없이 받아들이기 때문에 초기에는 분명 유리한 면이 있다. 조기 교육이 영어 문제의 해결책은 아니다. 고급 영어를 구사하기 위해서는 영어권 문화에 대한 폭넓은 이해가 필요하다.

문화에 대한 이해 없이 외국어를 공부하는 것에는 분명히 한계가 있다. 어휘 또는 표현의 정확한 뜻을 이해하기 어려울 때가 많기 때문이다. 1992년 미시간주립대학교를 다닐 당시, 캠퍼스 근처에 ShopRite라는 대형 마트가 있었다. ShopRite는 '오른쪽 가게'라는 뜻이 아니다. 여기서 shop은 명사가 아니라 가게에서 '물건을 사다'라는 동사로 우리에게 친숙한 쇼핑(shopping)의 기본형이다. rite는 right와 발음이 같은 철자로 미국 상호에 자주 쓰이는 표현이다. 손님들에게 '여기에서 쇼핑을 잘하라'라고 말하는 것이다. ShopRite에서 쇼핑을 마치고 계산대로 향했다. 계산을 마친 직원이 큰소리로 내게 물었다.

"페이퍼 오어 플라스틱?"
(Paper or plastic?)

생전 처음 들어보는 표현이었다. 몇 초간 머뭇거리자 직원은 한 손에 종이백을, 다른 손에 비닐백을 들고 흔들어 보이며 다시 질문했다.

"페이퍼 오어 플라스틱?"

아하! 쇼핑한 물품을 종이백 또는 플라스틱백에 넣어줄까 물어본 것이구나. 며칠 후에 난 그날 일을 미국 생활을 오래 한 친구에게 들려주었다.

그 친구는 껄껄댔다. 외국 유학생들은 대형 마트에 처음 갔을 때 계산대에서 당황하는 경우가 많다고 했다. 동양인보다 영어에 대한 자신감이 많은 유럽인도 똑같다고 했다. 한 가지 차이점은 유럽인의 지나친 자신감이 오해를 불러일으키기도 한다는 것이다. 마트 직원의 "Paper or plastic?"이라는 질문에 유럽 출신 어느 유학생은 신용카드를 주었다고 한다. 질문에 대해 잠시 고민한 후 머릿속에서 머니(money)를 붙여서 paper money(지폐) 또는 plastic money(신용카드)로 오해한 것이다. 이처럼 정확한 영어 표현을 익히기 위해서는 현지 문화의 특징 및 흐름을 잘 이해할 수 있는 센스가 필요하다.

난 당신의 카드를 훔치지 않았다

미국 미시간주립대학교의 수업 시간에 팀별 프로젝트를 준비하다가 생긴 일이다. 팀 모임에 앞서 백인 친구와 미국 드라마 주인공에 대한 이야기를 나누게 되었다. 주인공을 프로타고니스트(protagonist)라고 했더니 친구는 약간 의아한 표정을 지으며 고개를 갸우뚱거렸다. 내 콩글리시 발음 때문에 잘못 알아들었나? 발음과 강세를 바꾸어 가면서 여러 번 말했는데 어째 시큰둥한 반응만 돌아왔다.

나중에 알고 보니 프로타고니스트는 평상시에 잘 사용되지 않았다. 극작가나 비평가들이 주로 사용하는 전문 용어이다. 일반인들은 메인 캐릭터(main character)라고 부른다. 등장인물을 캐릭터라고 하는데 그중에서 가장 중요한 역할을 맡았다는 의미다. 당시 내가 가지고 있던 여러 권의 한영사전에는 나오지도 않았다. 나름 유식해 보이려 예습까지 했건만 내 노력은 물거품이 되었다. 미국인들은 생각보다 쉬운 표현을 사용한다. 라틴어에서 유래된 어려운 단어 대신에 쉬운 단어를 선호한다. 간결함을 좋아하는 미국 영어의 특징이 여기에서도 나타난다.

"당신은 영어로 말할 수 있나요?"
(Can you speak in English?)

미국 영화에서 미국인들끼리 서로 가끔 사용하는 표현이다. 처음에는 무슨 소리가 어리둥절했었다. 영어를 할 줄 아느냐 묻는 것이 아니라 미국식 영어, 즉 '이해하기 쉬운 영어(plain English)'로 설명할 수 있느냐고 묻는 것이다. 고급 영어를 구사하려면 문화적인 요소를 잘 이해하고 있어야 한다. 난이도가 다른 여러 가지 동의어를 적절히 섞어서 쓰는 것이 고급 영어를 구사하는 기술이다.

언어는 문화의 일부분이다. 영어 문화권에서 살다 온 사람이 보면 국내파의 영어 표현이 어색한 경우가 상당히 많다. 단순히 지식으로 습득한 언어는 매우 제한적으로 활용이 가능하다. 영어 학원을 통해서 '서바이벌 잉글리시'를 익히기는 가능하나 고급 영어를 익히기에는 현실적인 제약이 많다. 영어 회화를 잘하는 것은 자신이 말하고 싶은 문장을 기계적으로 암기하는 것과는 차원이 다르다. 원어민과 다양한 주제로 자유롭게 이야기할 수 있는 프리 토킹 환경에서 십 분 이상 대화하는 일은 쉽지 않다. 실전 회화에서만 얻을 수 있는 경험과 '언어 감각'이 필요하다.

"시카고에는 두 개의 계절이 있습니다: 겨울철과 공사철."
(There are two seasons in Chicago: Winter and Construction.)

1996년 겨울 미국 일리노이주 시카고를 방문하던 중에 자동차를 견인 당한 적이 있다. 수소문 끝에 내 차가 시카고 시정부에 의해서 강제 견인되었음을 알게 되었다. 자동차를 찾으러 갔더니 담당 직원이 먼저 벌금을 내라면서 신용카드를 달라고 했다. 이미 신용카드를 준 것으로 착각한 나는 색다른 표현을 써보자는 생각이 들었다. "give and take"라는 숙어가 순간 내 뇌리를 스쳤다.

"나는 당신에게 내 신용카드를 **주었다**."
(I **gave** you my credit card.)

나는 직원에게 신용카드를 주었고(give), 그는 내가 준 카드를 받았다(take)라는 생각이 들었다. 가장 일반적인 동사인 receive 대신 take를 쓰기로 하고, 주어도 1인칭(I)이 아닌 2인칭(You)으로 표현해봤다.

"당신은 내 신용카드를 **받았다**."
(You **took** my credit card.)

그 말이 끝나자마자 담당 직원의 얼굴이 빨갛게 달아올랐다. 잠시 후, 내게 소리를 버럭 질렀다.

"(큰소리로 외치며) 나는 당신의 신용카드를 **훔치지** 않았다!"

(I DID NOT TAKE YOUR CREDIT CARD!)

여기서 대문자는 '큰소리'로 말한다는 의미의 영어식 표현이다. 이 사람이 왜 화를 내는 거지? 곰곰이 생각해보니 로스쿨 형법 시간에 절도(laceny)에 대해 배울 때 그 정의에 동사 take가 사용되었다는 사실이 떠올랐다. 동사 take는 '남에 소유물을 탈취하다'로 쓰인다. give and take라는 숙어로 쓰일 경우에는 '주고받다'라는 의미지만 take만 쓰일 경우 '탈취하다'라는 의미도 있다는 사실을 새삼 일깨워주는 에피소드였다.

주입식 영어 공부의 한계였다. 어느 언어든 외국어로 공부할 경우 학습의 제한이 있기 마련이다. 외국어 교육의 효율을 감안해서 가장 쉽고 일반적인 표현 위주로 교육하기 때문이다. 진정한 영어의 고수가 되기 위해서는 언어 응용력이 필요하다.

고급 영어 설명서

1. 모국어 기반이 중요하다

오바마는 왼손으로 쓴다

2008년 11월 버락 오바마가 미국의 제44대 대통령으로 당선됐다. 드라마 〈24〉의 예언처럼. 미국 역사상 최초의 흑인 대통령이 탄생했다. 2009년 대통령 선서식에서 그가 왼손으로 서명하던 장면이 전세계로 방송됐다. 그가 '왼손잡이'라는 사실이 새삼 화제가 됐다. 오바마는 첫 왼손잡이 미국 대통령은 아니다. 1881년에 집권한 제20대 미국 대통령 제임스 아브람 가필드가 최초다. 그는 한 손으로는 라틴어를, 다른 손으로는 그리스어를 동시에 쓸 수 있는 '양손잡이' 천재로 알려져 있다.

두 가지 언어를 자유롭게 구사 가능한 사람을 바이링걸(bilingual), 세 가지 언어가 가능한 사람을 트라이링걸(trilingual)이라고 부른다. 간단한 일상 회화 정도가 아니라 모국어 수준으로 구사할 수 있는 사람을 말한다. 가필드 대통령은 영어, 라틴어, 그리스어를 자유자재로 쓰는 트라이링걸이었다. 영어와 한국어는 언어 체계가 상당히 다르기 때문에 바이링걸이 나오기가 상대적으로 어렵다.

바이링걸이 두 언어를 똑같은 수준으로 구사하는 경우는 드물다. 두 가지 모국어를 구사한다기보다는 외국어를 모국어 수준에 가깝게 구사할 줄 아는 사람을 말한다. 상황이나 화제, 상대방에 따라 언어를 선택적으로 사용할 수 있다. 어떤 학부모들은 초등학생 자녀에게 바이링걸의 환상을 품고 있는 경우가 있다. 모국어도 제대로 못하는 초등학생에게 외국어를 가르치는 것은 상당한 모험이 될 수 있다. 모국어의 기반이 흔들리면 두 가지 외국어만이 존재하는 언어의 혼돈이 찾아올 수 있다.

외국어는 모국어 체계를 기반으로 형성된다. 바이링걸에게도 모국어는 중요하다. 어릴 때 외국에서 오래 살다 온 학생들 중에서 어려운 한국어 표현을 들으면 잘 이해하지 못하는 경우가 있다. 겉으로는 전혀 내색을 하지 않는다. 모국어를 못한다고 말하기는 부끄럽고 대충 의미는 파악되기 때문이다. 모국어 체계를 손상시키는 경우가 있으니 영어 조기 교육에 대한 면밀한 주의가 필요하다.

영어 실력이 어느 정도 쌓이면 쉽게 빠지는 유혹이 있다. 한국어에 영어 단어를 섞어 쓰는 습관이 생기는 것이다. 유학생들은 영어가 익숙해진 상태에서 이런 버릇이 생기는 경우가 있다.

[한국어]: "지난 주에 시내에 있는 월마트에 가서 세제를 샀어."
[영어]: "I went to Walmart in downtown to buy a detergent last week."

[섞어쓰기]: "지난 주에 downtown에 있는 Walmart에 가서 detergent를 샀어."

한국어 문장에 영어 단어를 섞어서 쓰는 일은 왜 바람직하지 않을까? 두 언어의 발음 및 어순 체계를 모두 손상시킬 수 있기 때문이다. 모국어인 한국어의 어휘 체계에 혼란을 줄 수 있다. 외국어를 잘 구사하기 위해서는 먼저 모국어 어휘 체계가 안정적으로 구축되어야 한다.

최근 한국어를 잘하는 외국인이 늘어나고 있다. 이들을 보면서 모국어의 중요성을 새삼 깨닫는다. 바이링걸 외국인들은 대부분 한국어를 할 때 모국어를 섞지 않는다. 언어를 혼용하면 언어 체계가 뿌리째 흔들릴 수 있다는 사실을 잘 알기 때문이다. 영어, 그리스어, 라틴어를 동시에 썼던 가필드 미국대통령처럼 한국어와 영어를 동시에 쓸 수 있는 사람을 아직 본 적이 없다.

①나는 ②당신을 ③너무 ④사랑합니다.
I love you so much.
① ④ ② ③

근본적인 이유는 한국어와 영어의 '어순'이 달라서 동시에 적을 수 없다. 위 예시 문장을 살펴보자. 한국어의 어순은 주어, 목적어, 부사, 서술어이지만, 영어 어순은 주어, 동사, 목적어, 부사이다. 오바마 미국대통령이 한 손으로 글을 쓰듯이 한번에 한 가지 언어를 사용하는 습관을 들이는 것이 좋다.

예산댁이 동쪽으로 간 까닭은?

1991년 여름 캘리포니아 애너하임에 갔을 때 생긴 일이다. 애너하임은 세계적인 휴양지 디즈니랜드(Disney Land)가 있는 도시로 유명하다. 애너하임 근교 오렌지카운티 한인타운 지역에 있는 모텔에 투숙한 후 친구에게 메시지를 남기기 위해 1층 프런트 데스크로 향했다. 근무 중인 백인 직원에게 메모지를 달라고 해서 이렇게 썼다.

"니 가방 내 방에 있다."

잠시 후, 그 직원이 한국어로 또박또박 말했다.

"여기에서 '니'가 아니라 '네'라고 써야 문법에 맞는데요."

순간 너무 당황했다. 한국어를 유창하게 말하는 백인이 원어민에게 틀린 문법을 지적하다니. 1990년 12월 일본 도쿄를 처음 방문했을 때의 기억이 떠올랐다. 당시 유행하던 1인용 캡슐 호텔에서 하루 묵은 적이 있다. 캡슐 호텔은 성인 남자 한 명이 간신히 다리를 뻗고 누울 수 있는 박스 모양의 캡슐로 구성된 곳이다. 각 캡슐 머리맡에는 백 엔짜리 동전으로 작동하는 작은 TV가 설치되어져 있었다. 백인 진행자가 능숙한 일본어로 MTV 방송 프로그램을 진행하고 있었다. 그때 난 언제쯤이면 한국어를 막힘없이 구사하는 외국인이 많아질까 하는 생각이 들었다. 내 예상보다 빨리 1년 만에 한국어에 능숙한 외국인을 미국에서 만났다.

2008년 주한 미국대사가 새로 부임했다. 그때까지의 주한 미국대사와는 달리 한국어를 물 흐르듯이 술술 구사할 줄 안다. 본명이 캐슬린 스티븐스이고 '심은경'이라는 한국 이름도 있다. 신임 대사는 1975년부터 2년간 평화봉사단(Peace Corps) 단원으로 한국에서 활동하면서 '예산댁'이라는 별명까지 얻은 한국통이다. 한국 남자와 결혼해 아들을 하나 두고 있으며 한국어 개인 블로그도 운영할 정도로 한국어 실력이 상당히 뛰어나다. 《백범일기》를 읽고 감명받아서 김구포럼에 가입하고 영화 〈태극기를 휘날리며〉를 보고 배우 장동건의 팬이 되었다는 그녀는 한국어뿐 아니라 한국 문화에 참 밝다. 고급 한국어를 구사하는 스티븐스 대사를 보면 참 세상이 많이 바뀌었다는 생각이 들었다.

외국인들이 한국을 찾는 이유는 시대에 따라 달라져왔다. 문호 개방 초창기에는 종교적인 이유로 찾아온 선교사들이 주축을 이뤘다. 한국 경제가 성장하면서 다양한 목적으로 찾아오는 외국인들이 생겨나 변호사, 의사, 모델, 엔지니어 등 매우 다양한 배경을 가진 사람들이 모이기 시작했다. 한국도 이미 미국처럼 다문화권 사회인 '인종 용광로(Melting Pot)'로 서서히 바뀌고 있는 것이다.

2. 고급 어휘력이 필요하다

 영어를 공부하는 과정에서 한 번쯤 해보는 고민이 있다. 바로 효과적인 단어 암기법이다. 보통은 모르는 단어의 뜻을 그때그때 사전에서 찾는다. 너무 자주 찾다보면 정작 문맥을 파악하기 힘든 경우가 있다. 이럴 때는 좀 더 쉬운 교재로 바꾸는 것이 바람직하다. 전체 문맥에 대한 이해에 지장이 없는 선에서 단어를 찾는 것이 효과적이다.

포크는 거짓말하지 않는다

 영어 단어는 여러가지 의미를 가지기도 하고, 문맥에 따라서 다르게 해석되는 경우가 있다. 동의어 역시 상당히 많다. 예를 들면, 한영사전에서 '명백하다'를 찾아보면 clear, plain, obvious, evident, manifest, distinct 등이 나온다.

 동의어는 각기 다른 어원에서 유래되었다. 똑같은 의미로 쓰는 한글 단어와 영어 단어도 미묘한 뉘앙스 차이가 있다. obvious는 '속이 훤히 들여다보인다'는 뜻에서 유래되어 '사물의 내부를 들여다보다(look into)'라는 뜻이 되었다. 한자 명백은 '의심할 바 없이 뚜렷하다'이다. 내부를 보는 것과 뚜렷하게 보는 것의 차이가 있다. obvious는 겉과 속이 다른 경우에 사용될 수 있다. '명백하다'는 겉을 뚜렷하게 볼 수 있다는 의미로, 속은 그리 중요하지 않고 겉모습 자체가 중요한 것이다.

미세한 어감의 차이가 왜 중요할까? 동의어 간의 미세한 어감 차이를 인식하지 못한 채 무작정 외우는 것은 시험 준비를 위한 임시방편은 될 수 있을지는 모르나, 장기적으로 영어 실력을 향상시키는 데는 큰 도움이 안 된다.

미국 대학에서는 구내식당을 카페테리아(cafeteria)라고 부른다. 자신이 원하는 음식을 쟁반에 놓고 계산대에서 값을 계산한 후 식사를 한다. 구내식당과 마찬가지로 카페테리아는 일회용 식기를 무료로 준다. 플라스틱 수저, 포크, 칼 등은 계산대 근처에 놓여 있다.

국내 대학 구내식당과 다른 점이 있다. 셀프서비스 문화가 일찍 정착된 미국에서는 자신이 산 음식을 먹는 용도가 아니라면 일회용 식기를 사용하지 않는다. 쓸 때에도 필요한 만큼만 가져간다. 백화점이나 슈퍼마켓에서 한 뭉치씩 일회용 빨대(straw)를 집어가는 국내와는 사뭇 다르다.

"경찰이다!"
(Police!)

1996년 가을 미시간주립대학교에 있던 대학원생 전용 기숙사인 오웬홀 (Owen Hall)에서 목격한 일이다. 한국 유학생 한 명이 카페테리아에 비치된 일회용 수저를 한 움큼 집고 계산대를 유유히 통과하고 있었다. 순간 옆에서 지켜보고 있던 직원이 소리쳤다. 그 직원은 양손에 수갑을 채우는 시늉을 하면서 창피를 줬다. 과연 미국인은 일회용 식기를 카페테리아 밖으로 가져가지 않을까?

며칠 후, 미국 로스쿨에서 같은 수업을 듣던 백인 학생을 오웬홀 카페테리아 옆 이스트(East) 엘리베이터 앞에서 만났다. 종이컵 내부에 일회용 포크를 가득 쑤셔 넣고 엘리베이터를 기다리고 있었다. 내가 다가가자 약간 초조해 보였다. 안면이 있던 터라 웃으면서 말했다.

"속이 아주 훤히 들여다보입니다!"
(It's so obvious!)

"네가 종이컵 속에 숨긴 일회용 포크가 잘 보인다!"라는 말을 단 세 단어로 줄인 것이다. 백인 친구는 아연실색했다. 외국인 학생이 영어 단어의 어원을 정확히 사용해서 자신의 상황을 지적했기 때문이다. 만약 obvious 대신 clear를 사용했다면 어떤 뜻이 되었을까? clear도 영한사전에는 '명백하다'라는 뜻으로 나오지만 어원은 '맑게 개어 밝다'의 뜻이다. 할리우드 액션 영화에서 범죄자들이 도로를 봉쇄하고 자신들의 도주로를 확보한 후 외친다.

"방해물이 없습니다!"

(It's clear!)

"도로에 방해할 차가 없어!"라는 뜻이다. 만일 내가 "It's so clear!"라고 외쳤다면 그 친구는 범죄 영화에서 범인의 도주를 도와주는 공범을 떠올렸을 것이다. 만약 그 친구가 유머 감각이 있었다면 웃으면서 고맙다며 신속히 엘리베이터를 타고 도망치듯 사라졌을 것이다. 마치 경찰에 쫓기는 범죄자처럼.

만약 플레인(plain) 또는 에비던트(evident)를 사용했다면 별다른 반응은 없었을 것이다. 상황과 전혀 연관성이 없기 때문이다. 플레인은 '평야처럼 평평하게 탁 트이다'에서 유래했고, 에비던트는 외적 증거로 분명히 보이다'라는 의미. 원어민에게 영어 실력을 인정받고 싶다면 어원 공부를 꼼꼼히 해보자. 원어민들은 외국인들의 영어 실력을 평가할 때, 상황에 적절한 표현을 사용하는 것을 눈여겨 본다는 사실을 기억하라.

마스터카드로는 살 수 없어요

단어를 공부할 때 사전에 맨 처음 나오는 뜻만을 외우면 학습 효과가 높지 않다. 어원의 뜻을 '길게 풀어 쓰는' 것이 효과적이다. 어휘를 공부하면 접두사 또는 접미사의 변형에 대해 공부하게 된다. 예컨대 접미사 less가 붙는 경우 일반적으로 '~이 없다'라는 뜻이 된다. '가치'라는 뜻의 명사 worth에 접미사 less를 붙이면 '가치 없다'라는 뜻의 형용사 worthless가 된다.

한 가지 유의할 점이 있다. 접미사에도 예외가 있다. 값, 가격, 귀중함, 가치 등을 나타내는 price라는 단어에 접미사 less를 붙이면 priceless가 되는데 영한사전에 '아주 귀중하다; 값을 매길 수 없다'라고 나온다. 영어를 공부할 때는 흔히 단어의 첫 번째 의미만 외운다. priceless의 경우에는 '아주 귀중하다'만 기억하게 되는 것이다.

"이 카메라는 아주 귀중하다."
(This camera is priceless.)

다시 영어로 번역하려고 하면 '귀중하다'를 나타내는 단어가 여러 개 있다. 무엇을 써야 할까? 2001년도 영화 〈반지의 제왕(The Lords Of The Rings)〉에서에서 골룸이 반지를 보고 말하던 "Oh, my precious!"가 제일 먼저 떠오른다. precious는 '가격이 비싸다'라는 라틴어에서 유래되었다. priceless와 뜻이 비슷하다. 마스터카드가 만든 유명한 〈Priceless〉 광고 시리즈가 있다. 거기서는 여러 가지 상품의 가격을 달러로 매긴 후 제일 나중에 강조하고 싶은 것을 '값으로 따질 수 없다(priceless)'라고 표현한다.

"돈으로 살 수 없는 무언가가 있습니다. 다른 모든 것을 위해서 마스터카드가 있습니다."
(There's something money can't buy. For everything else there's Mastercard.)

접미사 less는 발음도 틀리기 쉽다. less는 more or less처럼 독립된 단어로 쓰이면 '레스'로 발음되지만 접미사로 쓰이면 '리스'로 발음된다. 영어를 상당히 잘하는 사람도 가끔 이런 발음 차이를 무의식 중에 틀리는 경우가 있다.

서울시 용산구 동부이촌동은 외국 생활을 해본 사람이 많이 살기 때문에 길거리나 레스토랑에서 영어와 일본어를 자연스레 접하게 된다. 내가 용산 글로벌 빌리지라고 부르는 것도 그래서다. 어느 날 동네 칼국수집에서 할아버지 네 분끼리 유창한 영어로 대화하는 것을 듣고 아주 놀랐다. 할아버지들의 어휘력이 상당했고 발음도 정확했다. 고급 어휘까지 자유자재로 쓰면서 정치, 경제, 외교 등 다양한 이슈에 대해 토론하고 있었다. 그런데 갑자기 내 귀에 거슬리는 단어가 들렸다.

"홈레스."
(homeless.)

완벽한 영어를 구사하시던 분이 기본적인 발음을 틀린 것이다. 기본 문법 또는 발음에 신경을 쓰자. 한창 무르익은 분위기에 찬물을 뿌리는 격이 될 수 있다. 쉬운 단어의 활용 및 발음에 주의해야 한다. 동부이촌동 할아버지의 잘못된 발음은 단어 암기법 때문으로 보인다.

"깜지라고 들어나 봤는감?"

예전에는 한자 공부를 하듯이 연습장에 쓰면서 영어 단어를 암기하곤 했다. 흰 종이에 글을 빽빽이 써넣어 마치 검은 종이처럼 보인다 해서 이것을 '깜지'라고 불렀다. 깜지를 이용해 영어 단어 student를 외울 땐 알파벳을 하나씩 쓰면서 외운다. "에스(s), 티(t), 유(u), 디(d), 이(e), 엔(n), 티(t)." 마치 조선시대 동네 서당에서 "하늘 천, 따 지, 검을 현, 누루 황"이라고 한자를 한 자씩 외우듯 또박또박 끊는다. 영어 단어의 암기 방법으로는 효과적이지 않다.

알파벳을 뜻글자인 한자처럼 한 자씩 쓰면서 외우는 방법은 잘못된 것이다. 영어는 음절 단위로 발음이 변하기 때문에 단어가 길어질수록 발음과 암기가 더욱 어려워진다.

그녀는 소녀가 아닙니다

국내에 영영사전 붐이 일어난 적 있다. 일본에서 만들어진 일영사전을 고스란히 번역한 한영사전은 이중 번역 때문에 한국어에 잘 맞지 않는 점이 부각되고 나서의 일이다. 과연 영영사전을 보면 영어 공부에 도움이 될까? 꼭 그렇지는 않다. 한국어 하나 없이 영어로만 설명하는 영영사전은 어휘를 원어민처럼 공부하는 데에는 도움이 될 수 있다. 그러나 영영사전을 보기 위해서는 어휘력 기초가 튼튼해야 한다. 한국어 설명이 전혀 없기 때문에 특정한 단어를 제대로 이해 못할 수 없는 경우가 생길 수 있다. 예를 들면 영영사전에서 단어 girl를 찾으면 다음과 같이 나온다.

"소녀는 여자 아이이다."
(A girl is a female child.)

궁금한 단어(girl)를 찾았는데, 더 어려운 단어(female)가 나오면 낭패를 겪는다. 영영사전은 단어를 설명하는 어휘의 난이도가 들쑥날쑥하다는 문제점이 있다. 영영사전은 일정 수준의 어휘력을 갖춘 후에 보기를 권한다. 영한사전을 이용할 때도 염두에 두어야 할 점이 있다. 사전의 특성상 다의어의 경우 자주 사용되는 의미가 먼저 설명된다. 실제 활용에서는 사용 빈도만 중요한 것이 아니다. 수준 높은 영어를 구사하기 위해서는 문맥에 가장 적합한 동의어를 쓰는 것이 중요하다. girl을 영한사전에서 다음 순서대로 풀이한다고 해보자.

1. 소녀, 여학생, 미혼 여성, 처녀
2. 여사무원, 여자 종업원
3. 애인, 연인
4. 딸

미국 남자가 옆에 있는 여성을 가리키며 "She is my girl."이라고 했다면 무슨 의미일까? 사전의 첫 번째 의미로 해석하면 "그녀는 나의 소녀입니다."이다. 나이 차이가 많은 커플일 수도 있으니 세 번째 의미인 여자친구도 가능하다. 만약 딸이면 네 번째로 해석되어야 한다. 정확한 의미를 알기 위해서는 문맥을 제대로 파악하는 것이 중요하다. 사전에 등재된 순서대로 기계적인 암기를 하는 게 아니라 '문맥에 적합한' 뜻을 찾는 언어 감각이 필요하다. 그러기 위해서는 다양한 문학 작품을 읽어서 문맥을 파악하는 능력을 키워야 한다.

3. 한 수위 영어를 구사하라

외국인에게 고급 한국어는 어떤 의미일까? 외국 사람이 기본적인 일상 표현보다 어렵거나 또는 사용 빈도가 낮은 우리말을 쓴다면 깊은 인상을 받을 것이다. 캐슬린 스티븐스 주한 미국대사가 텔레비전 인터뷰에서 '심사숙고'라는 고사성어를 쓴 것이 바로 그것이다. 고사성어의 뜻뿐 아니라 유래까지 이해하고 사용한다면 강한 인상을 줄 것이다.

펩시를 공짜로 주세요

"가는 날이 장날이다."

어느 날 국내에 사는 미국인 친구가 그 속담의 뜻이 잘 이해되지 않는다고 했다. 장날이라면 중요한 날인데 왜 부정적인 의미로 사용되느냐고 물었다. 장날은 너무 분주하기 때문에 부정적인 표현으로 쓰이는 것이라고 설명해도 도무지 이해하지 못했다. 이런 지적을 할 정도라면 그의 한국어 실력은 수준급이라고 볼 수 있다. (최근 네이버 지식검색에서 중·고등학생들이 올린 똑같은 질문을 보고 새삼 놀랐다.)

고양시에는 백 년이 넘은 전통 시장이 열린다. 내가 어렸을 때 본 시골 장터의 모습이 지금도 닷새마다 그대로 재현된다. 일산 시장은 3일과 8일에 장이 서는 3·8장이다. 없는 것이 없다 할 정도로 다양한 물건이 있지만, 사람이 너무 많기 때문에 길이 꽉 막힌다. 일산에 갈 때면 출발 전에 날짜를 확인하곤 하는데 가끔 그냥 갔다가 장날 교통에 길이 밀리면 낭패를 당한다. 그럴 땐 '가는 날이 장날이군!'이라는 말이 절로 나온다. 그 친구도 장날에 직접 운전해본다면 속담의 의미를 뼈저리게 이해할 것이다.

고급 영어의 중요한 요소 중 하나는 '지역성'이다. 영어로 대화를 나누어 보면 상대방의 출신지와 배경 등을 자연스럽게 알게 된다. 영어 스타일에 지역색이 배어 있기 때문이다. 지역색은 '일관성'이 중요하다. 미국식 악센트를 가진 사람이 영국식 어휘를 사용한다면 듣는 사람이 어색하게 느낄 것이다. 비영어권 국가에서 외국어로써 영어를 학습할 경우 이 점에 특히 주의할 필요가 있다. 처음에는 영어가 다 똑같이 들리지만 일정 단계에 이르면 지역색을 구분할 수 있다. 지역색을 구별할 수 있는 단계 전에는 영어 교재와 강사 선정에 세심한 주의가 필요하다.

고급 영어를 구사하기 위해서는 단어 및 표현의 변천 과정도 이해해야 한다. 이야기 소재에 시기적절한 표현을 써야 하기 때문이다. 1987년도 영화 〈백 투 더 퓨처(Back To The Future)〉에서 주인공 마티(마이클 J. 폭스)는 타임머신으로 개조된 자동차 드로리안을 타고 30년 전으로 시간여행을 떠난다. 1955년 동네의 한 레스토랑에서 음료수를 주문한다.

"좋아요. '펩시 프리' 한 병을 주세요."
(All right, give me a Pepsi Free.)
"당신은 펩시를 원한다. 이봐, 당신은 그것을 위한 돈을 지불할 것이다."
(You want a Pepsi, PAL, you're gonna pay for it.)

이 장면에서 주인공 마티에게 프리(free)는 '카페인이 없다'는 의미지만, 옛날 직원은 펩시를 '공짜'로 달라는 말로 오해하고 화를 낸다. 영화 제작 당시에 미국에서 큰 인기를 끌었던 "펩시 프리(Pepsi Free)"는 카페인이 없는 펩시콜라라는 뜻으로 받아들여졌지만, 1950년대에는 프리가 '무료'라는 의미로만 쓰였다. 지금은 프리라고 하면 '설탕이 없다'는 뜻으로도 쓰인다. 21세기에는 다이어트가 매우 중요해졌기 때문이다. 이처럼 같은 지역에서도 시대에 따라서 그 뜻이 변하기도 한다.

제이 좋아하는 음식은 무엇인가요?

동시대에도 지역에 따라서 다른 스타일의 영어가 사용된다. 시내와 시외가 다를 수도 있다. 2000년 미국 일리노이주 시카고 시외 오크 브룩(Oak Brook)에 살 때 생긴 일이다. 한국에서 놀러온 친구와 함께 시카고 미술관(The Art Institute of Chicago)에 갔다가, 미시간 애비뉴 근처 주차장에서 요금을 정산하는 직원과 이야기를 나누게 되었다. 예상하지 못한 문제가 발생했다. 영어는 영어인데 제대로 이해할 수 없는게 아닌가. 미국 유학을 온

지 거의 10년인데 말을 하나도 이해하지 못하기는 처음이었다. 시카고 시내의 발음은 너무나 생소해서 마치 다른 외국어처럼 들렸다.

시무룩한 표정으로 돌아온 나를 보고 하숙집 주인 아저씨가 무슨 일이냐고 물었다. 유학 온 지 10년이 다 돼 가는데 시카고 시내에서 쓰는 영어 발음을 알아듣지 못해 충격받았다고 말했다. 주인 아저씨는 씨익 웃었다. 자신은 미국에서 평생 살았지만 아직도 시카고 시내에서 쓰는 발음을 제대로 알아들을 수 없다며 위로해 주었다. 랩송 가사도 전혀 이해할 수 없다고 덧붙였다. 국내에서도 랩송에 관심이 없는 사람들은 가사를 제대로 알아듣지 못하지 않나.

KBS 프로그램 〈미녀들의 수다〉에 방청객으로 출연한 영국인에게 진행자가 질문했다.

"한국 음식 중에서 제일 좋아하는 것이 무엇인가요?"
"제일 좋아하는 것은 불고기이고 '제이' 좋아하는 것은 돌솥비빔밥입니다."

주위 사람들이 약간 의아한 표정을 짓자 영국인은 되물었다.

"한국말로 '제일(第一) 좋아하다'는 표현이 있으니까 당연히 두 번째로 좋아하는 경우는 '제이(第二) 좋아하다'라고 할 수 있는 것이 아닌가요?"

영어식 표현을 보면 그 주장이 어느 정도 이해가 간다. 영어로는 '제일 좋아하는(most favorite)'이라는 표현을 사용해 "What is your most favorite Korean food?"라고 할 수 있다. 같은 원리로 "What is your second favorite Korean food?"라고 응용할 수 있다. 듣고 보면 나름대로 논리적인 지적이다. 한국어에서도 제일, 제이라는 표현이 꽤 사용되기 때문이다.

문제점은 '영어식 사고방식'을 한국어에 그대로 적용하려는 것이다. 한국인이 한국식 사고방식대로 영어 문장을 만들어내는 콩글리쉬와 비슷하다. 한국인들에게 '제이 좋아한다'는 표현이 상당히 어색하지만 한국어를 배우는 외국인들이 자주 쓰는 브로큰 코리언(Broken Korean)의 좋은 예가 될 수 있다. '제이 좋아한다'는 표현이 문법상 하자는 없지만, 한국인들은 사용하지 않기 때문이다. 언어는 논리가 아니라 '습관'이다! 내용을 잘 모르는 채 '제이 좋아한다'라는 말을 듣게 되면, 사람 이름인 제이(Jay)로 착각해서 "I like Jay."로 오해할 수도 있을 것이다.

가위가 안 보여요

한자를 쓰면 고급 한국어를 구사하는 걸까? 2007년 겨울 미시간 주의 어느 스키장에서 처음 본 남자와 같은 리프트에 타고 올라가며 짤막한 담소를 나누게 되었다. 대학 전공이 뭐냐고 물어서 로스쿨에 다닌다고 대답했다. 그는 환한 미소를 지으면서 대뜸 이런 말을 했다.

"Res Ipsa Loquitur."

예상치 않는 장소에서 처음 본 사람에게서 들은 라틴어 법률 용어는 신선한 충격이었다. 그는 의미까지 친절히 설명해 주었다.

Res Ipsa Loquitur는 미국 로스쿨 불법행위(Tort) 수업에서 자주 사용되는 라틴어다. 사물이 스스로 말한다라는 뜻이다. 우리말로는 '사실 추정의 원칙'이라고 한다. 원고가 상대방의 과실을 증명할 필요가 없다는 뜻이다. 1947년 그레이라는 미국 여성이 쓸개 수술을 받았다. 수술 이후 수 년 간 위통을 호소해왔는데, 6년이 지난 1953년 3월에 엑스레이 검사에서 믿을 수 없는 결과가 나왔다. 쓸개 안에서 수술 중에 사용됐던 지혈 집게(가위 모양의 수술용 집게)가 발견된 것이다.

이 사건은 미국 의료 과실(medical malpractice) 소송의 중요한 판례로 자리를 잡았다. 이전에는 모든 의료 과실 소송에서 피해자인 원고(환자)가 의사의 과실을 밝혀야만 승소할 수 있었다. 웨스트버지니아 대법원의 그레이 판결 이후 대부분의 다른 주 대법원도 환자의 몸속에서 의료 기기가 나오는 경우 별도의 전문가 의견 없이 의료 과실로 인정했다. 덕분에 미국 의사들이 수술 전후에 수술 도구의 수를 간호사와 함께 꼼꼼히 확인하는 습관이 생겼다고 한다.

만약 스키장 미국 친구가 어려운 라틴어 표현만 쓰고 그 뜻을 제대로 몰랐다면 별 감동이 없었을 것이다. 우리말에 고사성어가 들어가면 문장이 어려워지듯이, 라틴어가 섞인 영어는 고급 표현이다. 법조인은 직업 특성상 라틴어를 자주 접하지만 의견서에는 쓰지 않는다. 클라이언트들이 이해하기 어려운 라틴어를 쓰는 것은 좋지 않기 때문이다.

고급 영어란 '듣는 사람의 수준에 맞게' 어휘를 선정함으로써 상대방의 이해를 돕는 세심한 영어다. 어려운 표현을 쓰는 것보다는 자주 사용되는 쉬운 표현을 정확하게 쓰는 센스가 중요하다. 고급 영어를 구사한다는 의미는 다양한 난이도의 어휘와 표현을 자유자재로 사용할 수 있다는 뜻이다.

200년 전 여왕의 미소를 보았다

고급 영어가 가장 필요한 직업군은 외교관이다. 일반 비즈니스에서는 너무 형식적이라 잘 사용되지 않는 고급 표현들이 자주 쓰이기 때문이다. 고급 영어를 구사한다는 것은 자신이 처한 시간과 장소에 가장 적합한 표현을 사용한다는 의미다. 조지 W. 부시 대통령은 재임 중에 외교적으로 부적절한 표현을 사용해서 여러 번 구설에 올랐다.

2007년 5월 영국 여왕 엘리자베스 2세가 백악관을 방문했을 때, 부시 대통령은 여왕의 업적을 칭송하다가 그만 말실수를 했다.

"당신은 1776년 우리 국가가 2백주년을 축하하는데 도와주셨습니다."
(You helped our nation celebrate its bicentennial in 1776.)

이 말대로면 여왕은 200살을 훌쩍 넘는 할머니가 된다. 청중의 한바탕 웃음소리에 실수를 깨달은 부시 대통령은 잠시 허공을 멍하니 바라봤다. 몇 초 후, 1976년으로 연도를 정정한 후 엘리자베스 여왕에게 왼쪽 눈으로 익살스럽게 윙크를 했다. 엘리자베스 여왕이 형식적으로 미소를 보내자 부시 대통령은 이런 말을 덧붙였다.

"그녀는 어머니만이 자녀에게 줄 수 있는 표정을 지었습니다."
(She gave me a look that only a mother could give a child.)

영국 언론에서는 이 윙크 사건을 대서특필했다. 당시 BBC는 그의 행동은 영국 왕실 예법에 부적절했다고 비판했다.

그로부터 1개월 후, 부시 대통령은 바티칸 교황청을 방문해 교황 베네딕토 16세를 예방했다. AFP 통신에 의하면 부시 대통령은 교황에게 'His Holiness'라는 존칭 대신 손윗사람을 부르는 경칭인 'Sir'를 써서 물의를 빚었다. 교황이 이탈리아 가톨릭 관계자와 만날지 질문하자 "예~썰~(Yes, Sir.)"라고 대답했다는 거다. 미국에서 이 표현은 손윗사람을 존대하는 의미지만, 상황에 따라서 다른 의미로도 쓰일 수 있다.

교황과 대좌한 내내 부시 대통령이 다리를 꼬고 있자 취재 기자들은 텍사스 스타일이라고 비꼬았다. 게다가 서재 입구에서 안면이 있는 사람을 만나자 "Howya doin?"이라는 격의 없는 인사를 해서 또다시 따가운 눈총을 받았다. 대통령이라도 외교 문제의 경우에는 격식을 반드시 갖추어야 하며 그 격식은 상대방에 대한 배려에서 시작된다.

4. 고급 영어는 바로 이런 것

간결미가 생명이다

1990년 5월의 마지막 날 미국 유학을 떠났다. 미국 중서부에 위치한 오하이오주 톨리도(Toledo)에 도착한 후 몇몇 한국 유학생 무리와 함께 맥도날드에 갔다. 영어를 제일 잘하는 것으로 보이는 고참 선배가 대표로 주문했다. 잠시 후 내게 질문을 던졌다.

"내가 방금 주문한 것을 취소하고 싶으면 영어로 뭐라고 할까?"

진지한 표정에 잠시 머뭇거리며, 한국에서 공부하지 않는 뭔가 대단한 문장이 나오겠구나 내심 기대했다.

"캔슬, 플리즈!"
(Cancel, please!)

단 두 마디였다. 영어는 같은 단어의 반복을 피하는 간결미가 중요하다고 선배는 강조했다. 그 후 자세히 들어보니 미국인들은 생활에서 "~, please!"를 자주 사용하고 있었다. 레스토랑에서 물을 달라고 할 때에는 "워터, 플리즈!(Water, please!)," 볼링장에서 신발 사이즈 9를 빌릴 때에는 "나인, 플리즈!(Nine, please!)"이다. "~, please."는 주로 서비스 업종의 직원이 하는 질문에 대한 미국 영어식 표현이다. 다른 용도로 사용하면 낭패를 당할 수도 있다. 만약 지나가는 여자에게 아래처럼 말한다면 무슨 일이 벌어질까? 뒷일은 당신의 상상에 맡긴다.

"키스, 플리즈!"
(Kiss, please!)

단어 자체를 짧게 발음하기도 한다. 발음 자체가 아니라 강세만으로도 의사소통이 가능한 경우가 있다. 2000년 시카고에서 내가 탄 엘리베이터에 한 여성이 들어왔다. 그녀가 설 자리를 내어주기 위해 엘리베이터 구석으로 몸을 옮기고서 잠시 딴 생각에 잠겼다. 정신을 차려 보니 내려야 하는 층에서 엘리베이터 문이 닫히려고 하는 상황이 아닌가. 황급히 그녀에게 말했다.

"익스~ 미."
(Ex~ me.)

다급한 내 말에, 그녀는 가벼운 미소를 지으면서 말했다.

"감사합니다!"
(Thank you!)

알고보니 다급한 상황에서도 자신을 밀치지 않고 먼저 양해를 구해줘서 고맙다는 뜻이었다. 살짝 의아했다. "익스큐즈 미(Excuse me)"를 제대로 말할 틈이 없어서 익스(ex)와 미(me)만 발음했는데? 그녀는 내 말을 정확히 이해한 것이다. 우리말로 하면 "대감"이라고 말한다고 "대단히 감사합니다."를 의미하지는 않기 때문이다. 이처럼 간결미는 미국식 영어의 큰 특징 가운데 하나다.

고유 명사에 유의하라

한국어는 화자(speaker)가 중심이 되는 데 반면 영어는 청자(listener)가 중심이다. 이런 표현의 차이는 일상 회화뿐만 아니라 문서를 작성할 때 나타난다. 명동의 한 백화점에서 본 층별 지도에서는 현재 위치를 영어로 이렇게 적어놓았다.

"저는 여기에 있습니다."
(I am here.)

현재 위치를 나타낼 때, 영어로는 "당신은 여기에 있습니다.(You are here.)"라고 쓴다. 지도를 작성한 사람이 지도를 보는 사람에게 이야기하듯이 "You are here on the map."을 줄인 표현이다. 반면 "I am here."

는 지도를 작성한 사람이 아니라 손님이 자신의 현재 위치를 말하는 것이다. 섣부른 콩글리시 표현은 원어민을 어리둥절하게 할 수 있다는 사실을 기억하자.

상대방의 수준에 맞는 어휘를 선택하는 것도 중요하다. 쉬운 단어의 사용에 주의해야 하는 경우가 많다. 1990년 홍콩에 처음 여행 갔을 때 시내에서 길을 헤맨 적이 있었다. 길가에 있는 서브웨이(subway) 표시를 보고 지하철역에 가면 쉽게 찾을 수 있겠다고 생각했다. 가도 가도 지하철은 보이지 않고 눈앞에는 자그마한 지하도만 보였다. 서브웨이(subway)가 미국식 영어에서는 지하철이지만, 영국식 영어에서는 지하도를 의미한다는 사실이 새삼 떠올랐다. 미국식 영어와 영국식 영어에서는 같은 단어를 다르게 사용하기 때문에 주의해야 한다.

"당신은 지하철을 좋아하나요?"
(Do you like subway?)

뉴욕에서 온 미국인에게 이처럼 물으면 의아해할 수도 있다. 미국에서 유행하는 서브웨이 샌드위치를 떠올릴 수 있기 때문이다. 뉴욕과 워싱턴 D.C.의 지하철은 "메트로(metro)"라고 부른다. 외국인에게 서울 지하철을 설명할 때는 호선이 아니라 색깔로 설명해주는 게 좋다. 그 이유는 지하철 안내방송에 있다. 한국어로는 호선(line) 별로, 영어로는 색깔 별로 설명하기 때문이다. 워싱턴 D.C.의 메트로도 색깔 별로 구분해서 오렌지 라인, 블루 라인 등으로 부른다.

영어사전에서는 안 나오지만 본고장 영국과 미국에서 사용되는 단어가 꽤 있다. 상호가 고유 명사가 된 경우에는 주의해야 한다. 유학을 간 지 얼마 안 되어서 24시 대형 마트인 마이어(Meijier)에 갔다. 샤워할 때 귀에 물이 자주 들어가서 면봉을 사기 위해서였다. 숙소를 나서기 전에 한영사전을 찾아보니, 면봉이 "코튼 스왑(cotton swab)"이었다. 혹시나 해서 영국식 표현인 "코튼 버드(cotton bud)"도 함께 외워서 갔다.

"코튼 스왑이 있나요?"
(Do you have cotton swabs?)
"뭐라고요?"
(What?)

어라, 왜 못 알아듣지? 혹시 영국계 미국인인가? 영국식 표현도 헛수고였다. 만국 공통어인 보디랭귀지를 활용해 귀에 손을 대고 닦는 시늉을 하자, 그제야 알아들었다.

"큐-팁스를 말하는 거군요."
(You mean Q-tips.)

이번엔 내가 못 알아 들었다. 마트 직원은 미국에서는 면봉을 큐-팁스(Q-tips)라고 부른다고 친절히 설명해주었다. 자세히 보니, "Q-tips Cotton Swabs"라고 쓰여 있었다. 상품명이기 때문에 우리가 사용하는 한영사전에는 등재되지 않았던 것이다. 제 아무리 사전을 달달달 외워도 문화를 알지 못하면 낭패를 보기 쉽다는 점을 기억하자.

외래어는 우아하게 사용하라

미국인들은 외국어 공부를 소홀히 하는 경향이 있다. 외국어가 나오면 부담스럽게 느낀다. 할리우드 영화의 데이트 장면에서 한 명이 상대방에게 프랑스어로 "본 아페티!(Bon Appetite!)"라고 말하는 장면이 가끔 나온다. 미국인 커플이 굳이 프랑스어로 식사를 잘하라고 말할 이유는 없다. 유식한 느낌을 주기 위한 설정이다.

어떤 사람이 갑자기 재채기를 하면 주위 사람들은 "블레스 유!(Bless You!)"라고 크게 외친다. 이를 식상하다고 느낀 사람들은 건강을 뜻하는 독일어 "구준하이트!(Gesundheit!)"라고 외친다. 대개 중산층 이상 고학력층에서 쓰이기 때문에, 당신이 재채기를 한 미국인에게 "구준하이트!"라고 말하면 꽤 놀라면서 당신이 영어를 상당히 잘한다고 생각할 것이다.

2006년도 영화〈데자뷰(Deja vu)〉에서 미연방주류·담배·총기단속국(ATF)의 조사관인 주인공 더그 칼린(덴젤 워싱턴)은 뉴올리언스의 한 부두에서 벌어진 폭파 테러 사건의 증거물을 수집하던 중, 타임머신을 발견하게 된다. 영화 제목인 데자뷰는 프랑스어로서, 우리말로는 기시감이다. 뇌에서 일어나는 일종의 착각이다. 처음 온 곳에서 이전에 이미 와본 것 같은 느낌을 받는 현상을 말한다. 미국에서 흔하게 사용되는 술집 이름이다. 처음 가 숲집인데 예전에 가 본 것 같은 친근감이 드는 곳이라는 뜻이다. 영화 〈데자뷰〉에서는 같은 질문이 두 번 나온다.

"우리 전에 만난 적이 있나요?"

(Have we met before?)

초반에 과거 속의 더그가 여주인공 클레어에게 묻고, 마지막에 살아남은 클레어가 더그에게 되묻는다. 일상 회화에서 이런 표현은 친근감의 표시다. 이성 간에 흔히 사용되는 대표적인 '작업' 멘트이기도 하다.

너무 일상적인 단어를 외국어로 말하는 건 피하자. 수준이 낮은 사람으로 보일 수 있다. 미국인이 욕을 할 때 상대방이 알아듣지 못하게 프랑스어로 하는 경우가 있다. 듣는 사람으로서는 무척 불쾌한 일이다. 상대방의 표정을 보면 분명히 욕을 하는 것인데, 뜻을 모르니 대놓고 따질 수도 없기 때문이다.

1991년도 영화 〈터미네이터 2: 심판의 날(Terminator 2: Judgment Day)〉에서 미래 저항군 사령관이 되는 어린 존 코너(에드워드 펄롱)는 터미네이터(아널드 슈워제네거)와 대화를 하면서 영어 단어 "미(me)" 대신에 같은 뜻의 프랑스어 단어 "모아(moi)"를 쓴다. 영화에서도 쉽게 느낄 수 있듯이 매너 없이 거만한 인상을 준다. 쉬운 영어 단어가 있는데 굳이 어려운 외국어 단어(moi)를 사용할 필요가 없기 때문이다. 일상적인 단어를 외국어로 쓰면 좋지 않는 반응을 받기 쉽다. 외국어 및 외래어는 꼭 필요한 상황에만 사용하라.

뉘앙스의 차이를 공략하라

영어를 자유자재로 구사하기 위해서는 동의어들의 뉘앙스 차이를 이해하고 있어야 한다. 예를 들어, 미국 형법상 범죄 의도는 4단계로 구분된다.

1. 의식(consciousness)
2. 인식(awareness)
3. 인지(knowledge)
4. 고의(intention)

배우 제시카 알바는 2008년도 영화 〈어웨이크(Awake)〉에 주인공 여자친구로 출연했다. 여자친구 일당들은 병원 응급실에 누워 있는 남자친구가 전신마취로 혼수상태라고 생각한다. 반면 그는 의식이 있었고(레벨 1: consciousness), 그들이 자신을 죽이려는 음모도 인식(레벨 2: awareness)하고 있었다. 영화 제목 어웨이크는 남자친구의 의식 상태를 나타낸 것이다. 물론, 여자친구 일당은 그 사실을 모른다. 단어의 어원을 알면 영어를 보다 깊이 이해할 수 있다.

2002년 여름 서울 광화문에 있는 주한 미국대사관에서 생긴 일이다. 당시 광화문에 "쌍둥이 건물"이라고 불리는 건물들이 있었다. 길 건너편 세종문화회관에서 봤을 때 왼쪽은 문화관광부, 오른쪽은 미국대사관 건물이었다. 당시 우스갯소리로 일부러 똑같게 만들었다는 소문이 돌았다. 북한군의 공격 시, 미국대사관 건물이 어느 쪽인지 헷갈리게 한다는 둥. 당시 대사관 건물을 끼고 ㄴ자로 길게 늘어서서 기다린 후 금속 탐지기를 거쳐 건물

내부로 들어갔다. 그 순간 어디선가 큰소리가 들려왔다.

"영어 인터뷰를 하실 분은 이쪽으로 오세요!"

말이 떨어지기 무섭게 그쪽으로 달려가니 창구에 교포 직원이 앉아 있고 바로 뒤에 백인 남자가 지켜보고 있었다. 나는 반갑게 영어로 인사한 후 준비해 온 서류 뭉치를 투명 방탄유리 가림막 밑으로 쭉 밀었다. 수십 가지 서류가 있어서 뭉치는 상당히 두터웠다. 나는 서류 준비가 완벽하다는 자신감으로 가득찼다.

"I-20는 어디에 있나요?"

I-20는 미국 대학 입학 허가서의 약칭이다. 영어 인터뷰라서 영어를 기대했는데 갑자기 한국어가 나오다니. 바로 앞에 있던 서류 뭉치를 가리키며 그 안에 있다고 했다. 그 직원은 서류 뭉치를 제대로 보지도 않은 채 다른 서류가 어디 있냐고 다그쳤고, 화가 난 나는 손가락으로 뭉치를 다시 가리키면서 그 안에 다 있다고 했다. 이런 식으로 서류마다 옥신각신하면서 인터뷰가 잘 진행되지 않았다. 화가 머리끝까지 올라온 나는 영어로 말했다.

"추가 질문을 하시기 전에 서류를 확인해 주세요."
(Please check the paper prior to asking any further questions.)

사실 당시 한국어로 말할 수도 있었다. 말없이 뒤에 서 있는 책임자가 문제를 정확히 파악할 수 있도록 영어를 선택했다. 얼굴이 확 찌푸린 직원은 대뜸 영어로 협박하듯이 말했다.

"당신이 협조할 법적 의무입니다!"
(It's your obligation to cooperate!)

내가 영어로 대들자 영어로 응수한 것이다. 대사관 직원은 단어 선정에서 실수를 했다. obligation은 법적인 의무이고 법정에서 주로 쓰인다. 비자 인터뷰에서 나는 불친절한 대사관 직원에게 서류를 일일이 찾아줄 법적인 의무는 없다. 그 상황에서는 직업 또는 의무에 대한 책임을 뜻하는 단어 responsiblity를 쓰는 것이 적절했다.

비자 신청자인 나는 서류를 구비할 책임이 있고 대사관 직원은 내가 준비한 서류를 검토할 책임이 있다. 미연방 공무원 신분인 대사관 직원에게는 친절 책임도 있다. 그녀는 서류 검토도 제대로 하지 않았고 불친절하게 인터뷰를 진행하던 와중에 너무 흥분한 나머지 잘못된 단어까지 썼다. 나는 양손과 어깨를 슬쩍 들어 으쓱거리면서 계속되는 직원의 질문에 묵비권을 행사했다.

"그렇게 하세요!"
(Be my guest!)

원래 상대 부탁을 들어주며 하는 말이다. 이 상황에서는 냉소적으로 "당신 마음대로 하세요!"로 해석할 수 있다. 직원은 잠시 후 아무런 말도 없이 "쾅" 하고 도장을 찍었다. 이런. 결국 비자가 거절되었구나! 후회가 일었지만 최소한 자존심은 지켰다고 위로하면서 건물 밖으로 나왔다. 집에 도착해서 확인해 보니 F-1 학생비자가 찍혀 있었다. 대사관 직원이 단어를 잘못 사용해서 추가 질문을 못한 채 비자를 준 듯하다. 단어 의미의 강약 조절의 중요성을 일깨워준 일화다.

한영사전의 뜻과 어감이 다른 경우가 꽤 있다. 한영사전은 여러 가지 의미를 포함시키기 위해서 단어를 광범위하게 정의하기 때문이다. 예를 들어 우리말 '강요하다'는 영어로는 demand, force, compel 등 여러 단어로 쓸 수 있다. 이 가운데 force는 물리학에서 자주 사용되는 힘을 의미한다. 그렇다! 질량과 가속도, 힘에 관한 유명한 물리 공식 'F=ma'에 사용된다. 우리말 '강요하다'와 영어 force는 미묘한 어감의 차이가 있다.

1995년 미국 친구가 내게 왜 유학을 왔느냐고 물었다. 부모님의 전폭적인 지지로 왔다고 말하려다가 조금 색다른 표현을 쓰고 싶어졌다.

"나는 해외에서 공부하도록 강요됐습니다."
(I was forced to come to study aborad.)

그 친구의 얼굴이 갑자기 굳어졌다. 아무리 농담조였다지만, force의 뜻이 너무 강했기 때문이다. force는 명사일 경우 육체적인 힘과 정신적인 힘 모두를 의미하고, 동사로는 '강한 힘으로 억지로 시키다'라는 뜻이다. forced labor는 강제노동, forced smile은 억지웃음이다. 다음 문장을 보자.

"그들은 그에게 서류에 서명하도록 **강요했다**."

(They **forced** him to sign the paper.)

이렇게 번역하면 정확한 어감이 전달되지 않는다. force는 염력을 쓰는 초능력이 아니라 물리적인 힘을 의미한다. "그들은 그가 자신의 의지에 반해 서류에 서명하도록 강한 힘으로 시켰다."라는 번역이 더 정확하다. 예를 들어 사극에서 사약을 마시지 않으려고 꼭 다문 죄인의 입을 벌려서 억지로 마시게 할 경우이다. 친구에게 했던 대답은 유학을 가지 않으려고 발버둥치는 나를 힘으로 제압해서 미국행 비행기에 억지로 태워 보낸 느낌이었을 거다. 조금 강한 표현을 쓰려다가 의미 전달에 실패한 것이다. 이만큼 단어의 뉘앙스는 고급 영어 구사에 매우 중요하다.

PART 3

글로벌 영어 학습법

VI

글로벌 비즈니스 영어

한국을 방문하는 모든 외국인이 우리나라에 대해 잘 아는 것은 아니다. 외국인과 대화를 시작하기 위해서는 상대방이 관심 있는 분야를 설명해가는 방법이 좋다. 공감대가 생겨나고 있는지는 상대의 반응에서 알 수 있다. 상대방이 갑자기 말을 많이 하거나 크게 웃는 경우는 긍정적이다. 반대로 아무런 답변이나 질문이 없는 경우는 흥미를 잃은 것이다.

1. 전화 영어

얼굴을 보면서 이야기하면 서로 이해하기가 쉽다. 말이 잘 통하지 않아도 몸짓이나 표정을 보고 어느 정도 내용을 짐작할 수 있다. 목소리만 듣는 전화 통화의 경우, 의사소통이 어렵게 느껴진다. 모국어가 아닌 외국어로 통화할 때는 더욱 그렇다.

'용건만 간단히'

비즈니스 전화 영어의 기본이다. 쓸데없이 잡담하면 오해가 생길 수 있다. 간결하게 이야기하는 방법을 익혀야 한다. 전화 영어를 트위터(Twitter)의 개념으로 생각하라. 트위터는 최대 140자까지 보낼 수 있는 단문 메신저다. 트윗(twit)처럼 짧지만 핵심을 찌르는 글을 쓰는 훈련이 필요하다. 트윗과 RT를 주고받으며 친분이 쌓이면 맞팔을 하듯, 전화통화도 짧게 자주 하는 것이 신뢰 쌓기에 효과적이다. 상대방 메시지에 답글을 보내는 시간을 최소화하라. 답글이 빠를수록 상대방에게 긍정적인 인상을 심어줄 수 있다.

존댓말로 시작하라

영어에는 존칭 표현이 거의 없다고 오해하는 경우가 있다. 영어를 처음 배울 때 I, You, We 등 인칭 대명사를 공부하면서 그렇게 생각하는 경향이 있다. 예를 들면 인칭 대명사 You는 문맥에 따라서 '너, 당신, 귀하' 등 다양하게 해석된다.

"**당신은** 누구신가요?"
(Who are you?)

국내에서 전화 통화를 할 때, 자주 쓰는 표현이다. 주어를 생략하는 한국어의 특성상 그냥 "누구세요?"라고 묻는다. 전화를 건 사람이 누구인지를 확인하는 것이다. 영어권에서는 그렇게 묻지 않는다. 전화 영어에서는 인칭 대명사 You 대신 지시 대명사 this를 사용한다.

"**그쪽은** 누구세요?"
(Who is this?)

무조건 You를 this로 바꾼다고 해결되는 것은 아니다. 첫째, 전화상의 this는 자기자신을 부를 때로 한정된다. 상대방에게 쓰면 반말 표현이 된다. 둘째, 사람에게 사물을 나타내는 단어(this)를 사용하면 비하하는 것이다.

미국인들은 존댓말과 존칭어를 의외로 자주 사용한다. 다시 말하자면,

존칭 표현에 신경을 곤두세우는 경우가 있다. 예를 들어, 박사 학위(Ph.D) 소지자에게 무심코 미스터(Mr.)라고 부르면 '큰 실례'가 된다. 반드시 닥터(Dr.)로 불러야 한다. 전화를 걸어서 "인디애나 존스" 박사를 찾는 경우, 이렇게 질문할 수 있다.

"존스 박사님은 안에 계신가요?"
(Is Dr. Jones in?)

영어 초보자를 위해 쉬운 표현이다. 문법적으로는 틀리진 않지만, 공손하지 않다. 가족 또는 가까운 친구끼리 쓰는 격식 없는 표현이다.

"존스 박사님께 이야기를 해도 될까요?"
(May I speak to Dr. Jones, please?)

이것이 예의 바른 표현이다. 전화를 받는 경우, 조동사 may와 please를 사용하며 예의 바르게 질문해야 한다.

"누가 전화를 하고 계신지 물어도 될까요?"
(May I ask who is calling?)

잘 모르는 사람과 통화할 때는 항상 존칭 표현을 써야 한다. 최소한 조동사(may)는 필요하다. 통화 중에 상대의 말을 제대로 듣지 못할 경우에도 "What?" 또는 "What did you say?"를 쓰면 안 된다. "Excuse me!"라는 표현은 이런 상황에서 상당히 어색하다. 반말이라는 어감이 강하게 들기 때문이다. 우리말로 치면 "아버지가 진지를 먹었다." 같은 이상한 말이 된다. 상대방이 한 말을 제대로 못 들었다면 이렇게 말하자.

"그것을 다시 반복해 주실 수 있나요?"
(Could you please repeat it?)

철자별로 끊어 읽어라

전화로 이메일 주소와 이름을 주고받을 때 철자에 주의해야 한다. 한국인들에게 익숙하지 않은 이름 또는 여러 가지 철자로 쓸 수 있는 이름이 많기 때문이다. 마이크(Mike), 폴(Paul), 로버트(Robert) 등의 미국식 이름은 별다른 무리 없이 이해할 수 있다. 미국인들의 성은 매우 다양하다. 이민 역사가 오래된 미국의 문화적인 특징이다. 성이 너무 다양하기 때문에 이름은 간단한 것을 선호하는 경향이 있다.

전화로 상대방 이름을 물어보는 경우, 알파벳 한 글자씩 다른 단어와 짝지어서 설명한다. 누구나 쉽게 이해할 수 있는 이름, 과일, 지명을 사용한다. 예를 들어 폴(Paul)를 소개하려면 P, A, U, L로 시작하는 단어의 첫 철자와 "as in"을 함께 사용한다. 미국의 주명을 이용해서 스펠링을 소개해 보자.

"제 이름은 폴입니다. 펜실베니아의 P, 알래스카의 A, 유타의 U, 그리고 루이지애나의 L입니다."

(My name is Paul. P as in Pennsylvania, A as in Alaska, U as in Utah and L as in Louisiana.)

톰 크루즈의 이름 톰(Tom)을 미국 주명을 이용해 소개해 보자.

"텍사스의 T, 오하이오의 O, 그리고 미시간의 M입니다."
(T as in Texas, O as in Ohio and M as in Michigan.)

이번엔 친숙한 과일 이름으로 설명해 보자.

"토마토의 T, 오렌지의 O, 그리고 멜론의 M입니다."
(T as in Tomato, O as in Orange and M as in Melon.)

'as in' 표현은 우리말 이름을 설명하는 경우에도 쓸 수 있다. 주의할 점은 상대방의 영어 실력에 맞는 어휘를 적절히 선택해야 한다는 것이다. 미국인과 이야기하는 경우라면 큰 문제는 없겠으나, 비영어권 출신자들에게는 유념해야 한다. 색다른 표현을 원한다면 알파(Alpha: a), 베타(Beta: b) 등의 "군인 알파벳(Military Alphabet)"을 쓸 수 있다. 미군에서 사용하는 방법으로 미국 액션 영화에서 자주 들을 수 있는 표현이다.

A:	Alfa or alpha	알파
B:	Bravo	브라보
C:	Charlie	찰리
D:	Delta	델타

E:	Echo	에코
F:	Foxtrot	폭스토롯
G:	Golf	골프
H:	Hotel	호텔
I:	India	인디아
J:	Juliett	줄리엣
K:	Kilo	킬로
L:	Lima	리마
M:	Mike	마이크
N:	November	노벰버
O:	Oscar	오스카
P:	Papa	파파
Q:	Quebec	퀘벡
R:	Romeo	로미오
S:	Sierra	씨에라
T:	Tango	탱고
U:	Uniform	유니폼
V:	Victor	빅터
W:	Whiskey	위스키
X:	X-ray	엑스-레이
Y:	Yankee	양키
Z:	Zulu	줄루

발음이 같지만 철자가 다른 경우도 있다. 예를 들어 크리스틴은 대부분의 경우 Christin이라고 쓰지만 간혹 ch 대신 k를 쓰는 Kristin도 있다. 단어의 맨 마지막에 붙는 e는 '발음되지 않는' 묵음이지만 성별이 바뀐다는 사실에 주의하라. 저스틴이라는 영어 이름을 Justin이라고 쓰면 남자 이름이지만 Justine이라고 하면 여자이름이 된다. 발음은 같지만 마지막 -e 여부에 따라서 성별이 바뀐다. 우리말 남자 이름 중에 '준'은 Joon 또는 Jun으로 적는데, 특히 주의해야 한다. 끝에 e가 붙는 여자 이름 June과 혼동되어 성별이 바뀔 수 있다. 마치 미스터(Mr.)와 미스(Ms.)를 바꾸어 부르는 것과 같다. 동서양을 막론하고 상대방의 이름과 성별을 잘못 부르는 것은 큰 실례이다.

약자는 절제하라

영어 약자는 너무 자주 사용하지 마라. 예를 들어 can의 부정형인 can't는 사용하지 않는 편이 좋다. 원어민도 가끔 헷갈리는 경우가 있고 전화상으로는 혼동되기 쉽다. can not이라고 두 단어로 또박또박 끊어서 읽는 것이 좋다. 한국에서는 할인의 의미인 디스카운트(discount)를 줄여서 "디씨(D/C)"라고 읽고 쓰는데 미국인이라면 워싱턴 D.C.(Washington D.C.)라고 오해할 수도 있다. 미국인은 워싱턴 주와 헷갈리지 않으려고 워싱턴 D.C.를 줄여서 D.C.(District of Columbia)라고 부른다. 반면에 워싱턴 주는 그냥 워싱턴이라고 부른다. 유의할 점이 있다. 워싱턴 D.C.에 사는 사람들은 그냥 워싱턴이라고 부르는 경우가 있다.

"디씨를 해 주세요."
(Please give me a DC.)

이 말에 미국인이 어깨를 들썩이면서 소리칠 수도 있을 것이다.

"뭐라고요!"
(What!)

공상과학 영화에서 지구를 침공한 외계인들이 할 수 있는 대사이다. 상상력이 풍부한 사람은 미국의 수도인 워싱턴 DC를 내놓으라는 말로 오해할지도 모른다. 애프터 서비스(After Service)의 약자 A/S도 미국인에게는 생소하다. 정확한 표현은 워런티(warranty)이다.

"영어로 이메일 주소는 어떻게 읽나요?"

국내에서 이메일 주소를 쓸 때 @자를 '골뱅이'라고 부른다. 만약 미국 사람에게 이메일 주소를 불러줄 때 골뱅이를 그대로 번역해서 스네일(snail)이라고 읽으면 아마도 크게 웃을 것이다. @자는 "엣(at)"이라고 읽는다. 영어에서 장소를 나타내는 전치사이다. 마침표(.)는 "닷(dot)"라고 부르며, com은 한 단어로 "컴"이라고 읽는다. kim@hotmail.com을 읽을 경우, k, i, m, at, h, o, t, m, a, i, l, dot, com이라고 읽는다. 참고로 스네일 메일(snail mail)이라는 신조어가 있다. 이메일과 비교해서 느리게 전해지는 재래식 우편 제도를 의미한다.

전화번호 읽는 방법

전화번호를 읽는 방법은 크게 두 가지다. 첫째, 한 자리씩 읽는 방법이다. 333-1234는 "삼삼삼에 일이삼사"라고 읽는다. 국번과 번호사이의 하이픈('-')은 "에"라고 부른다. 둘째, 국과 번호를 하나의 숫자로 취급하여 "삼백삼십삼 국에 천이백삼십사 번"이라고 읽기도 한다.

미국에서는 중복되는 숫자를 그 횟수에 따라서, 더블(double: 2번), 트리플(triple: 3번), 쿼드루플(quadruple: 4번)을 붙여 읽는다. 333-1234의 경우, 트리플 쓰리 원 투 쓰리 포(triple three one two three four)라고 읽는다. 숫자 영(0)은 zero라고도 읽지만 모양이 비슷한 알파벳 O의 발음인 "오"라고도 읽는다. 두 자리씩 나눠서 읽기도 한다. 1234번을 12(twelve) 34(thirty four)라고 읽는다.

국가번호(country code)와 지역 번호(area code)를 사용할 때 주의할 점이 있다. 한국의 국가 번호는 '82'번이고 서울의 지역 번호는 '02'번이다. 외국에 있는 사람이 한국으로 국제 전화를 걸 때에는 지역 번호 앞의 숫자 '0'을 생략해야 한다. 영어 명함에 국가 번호와 지역 번호를 하나로 묶어서 '822번'으로 표시하는 이유다. 원래는 국가 번호(82)와 지역 번호(02)를 붙여서 8202이지만 지역 번호가 '0'으로 시작되는 경우에는 생략한다. 반면 미국에는 0으로 시작되는 지역 번호는 없다.

자주 틀리는 비즈니스 영어 표현

O'clock

o'clock은 1~12까지 숫자 뒤에 쓰이며 매시 정각을 의미한다. 오전 오후의 구분이 없어서 정확한 시간이 중요한 비즈니스 회화에서 피해야 하는 표현이다. 해외 업무를 맡게 되면 상대방이 다른 시간대에 근무하는 경우가 많다. 2 o'clock이라고 하면 상대방은 오전 2시인지 오후 2시인지 어찌 구분할까? 바람직한 표현은 아라비아 숫자 다음에 오전과 오후를 밝혀서 2am 또는 2pm으로 하는 것이다. 미군 스타일로는 오후 2시를 14:00라고 쓴다. 읽을 때는 포틴 헌드레드(fourteen-hundred)이다.

Free와 Available

"Are you free?"
"Are you available?"

free와 available은 동의어가 아니다. free는 다른 것에 구속받지 않아서 자유롭다. available는 사람과 사물 주어에 따라서 뜻이 다르다. 사물 주어인 경우, '이용할 수 있는', 사람 주어일 경우는 '시간 여유가 있는'이라는 뜻이다. 전화 영어에서 '통화가 가능하다'라는 의미다. free는 막역한 사이에서 쓰이고 available의 경우 형식을 갖춘 사이에서 쓴다.

사무실에서 자리를 비울 때는 out보다는 away를 쓴다. out은 '자리에 있다'를 뜻하는 전치사 in의 반대말이다. away는 away from the desk의 준말로 현재 '자리에서 떨어져 있다'라는 뜻이다. 전화기에서 거리가 멀어서 받을 수 없다는 것이다. out of the office는 사무실 밖에 있다는 뜻이다. 미국의 자동 응답기에는 대부분 away라는 표현을 쓴다. 화장실 등 사무실이 아닌 다른 곳에 있다는 뜻이다. out을 쓰면 외부 출장을 간 것으로 오해할 수 있기 때문이다.

미시간주립대학교에 위치한 이스트 랜싱에는 프로 볼(Pro Bowl)이라는 큰 볼링장이 있었다. 프로 볼은 1977년 오픈한 전통 있는 볼링장으로 지역 주민들이 자주 찾는 핫플레이스였다. (프로 볼은 2001년 8월 폐업했다.) 당시 금요일 밤이 되면 한국 유학생들이 삼삼오오 모여서 외로움을 달래던 추억이 있는 곳이다. 프로 볼에 처음 간 날 생긴 일이다. 그날 따라 불금이라서 볼링장에 사람이 유난히 많았다. 같이 갔던 선배가 직원에게 물었다.

"**이용가능한** 볼링 레인이 있나요?"
(Is there any available lane?)

볼링장에서 순서를 기다리면서 한 질문이었다. 순간 생각이 들었다. 만약 free를 사용하면 무슨 뜻이 될까? 이러면 "무료로 칠 수 있는 레인이 있나요?"가 될 것이다.

I'm so excited

미국에 간지 얼마 안 되어서 미국인 친구와 이야기를 나눌 때였다. 나는 매우 기뻤다는 말을 하고 싶어서 동사 excite를 사용했다. 옆에서 듣고 있던 미국인 친구의 반응은 무척 강경했다.

"너는 그 표현을 사용하지 않는 게 좋아!"
(You'd better not use that expression!)

excite는 흥분시키다 또는 자극하다라는 뜻이다. 집에 돌아와서 영한사전을 다시 뒤져보았다. '성적으로 흥분시키다'와 '신체 부위 또는 조직을 자극하다'라는 뜻도 있었다. 서로 잘 아는 친구 사이에는 사용해도 별 무리가 없지만, 초면이거나 비즈니스 관계에서는 잘 쓰지 않는다.

"저희 서비스를 알려드리게 되어 저는 매우 흥분됩니다."
(I am so excited to announce our new service.)

이 말로 무슨 의도를 전하고자 하는 걸까? excite는 지나치게 감정적인 표현으로 들릴 수 있다. 더 나은 표현은 excited를 pleased로, so를 very로, I를 We로 바꾸는 것이다.

"저희의 새로운 서비스를 알려드리게 되어서 매우 기쁩니다."
(We are very pleased to announce our new service.)

I'm good

"How are you?"

"I am fine. Thank you. And you?"

모든 한국인의 머릿속에 각인된 영어 회화 예문이다. 미국에서는 이 표현을 써본 적도 들어본 적도 없다. 회화 공부를 위한 표현일 뿐, 실용성은 높지 않다. fine이라는 단어 대신에 good을 사용하는 어떨까?

"How are you?"
"I am good."

어색한 표현이다. good은 사람의 상태를 나타내지 않기 때문이다. 이런 표현은 피하는 것이 좋다. 불완전한 문장이라서 어색하게 들린다.

"그는 행실이 바른 사람이다."
(He is a good man.)

'그는 기분이 좋다'가 아니다. good이 사람 주어와 함께 사용될 때는 주의해야 한다. good은 품질, 수량, 정도, 맛 등의 관점에서 사물의 '특성'이 좋다는 의미이다. 사람에 쓸 경우에는 사람 자체가 아니라 '행동'을 의미한다. 예를 들어 'do a good deed'는 '친절한 행동을 하다'이다. 사람의 능력 또는 자격을 표현할 경우, 전치사 at과 함께 사용된다.

"그는 영어를 잘한다."
(He is good at English.)

2. 이메일 영어

학습은 좋은 습관에서 시작된다. 영어 이메일을 잘 작성하기 위해서는 좋은 습관을 길러야 한다. 상대방 목소리를 들으면서 실시간으로 대화를 주고받는 전화 영어와는 달리 이메일 영어는 상대방에게 편지를 쓰는 것과 비슷하다. 수신인의 반응을 알지 못한 채 일방적으로 쓰기 때문에 논리적인 전개가 중요하다. 전화 영어에서 소통이 중요하다면, 이메일 영어에서는 형식이 중요하다.

칭찬으로 시작하라

이메일 상대방을 자주 칭찬하는 습관이 필요하다. 여러 가지 이유를 들어서 고맙다고 써라. 답장을 빨리 써줘서 고맙다 또는 답변을 자세히 써 줘서 고맙다 등 칭찬 사유는 무궁무진하다. 왜 칭찬 공세가 필요할까? 상대방의 자발적인 협조를 얻기 위해서다. 이역만리에 있는 얼굴도 모르는 사람과 일하는 건 상당히 어렵다. 프로젝트가 끝나면 두 번 다시 연락 안 할 가능성이 높다. 이런 환경에서 상대의 마음을 얻는 것은 쉽지 않다. 당신이 아무리 열심히 해도 상대방이 신경을 써주지 않으면 모든 것이 '말짱 도루묵'이 될 수 있다. 당신이 바쁜 것처럼 상대방도 바쁘다. 상대방이 당신의 일에 우선순위를 두도록 하는 효과적인 방법이 필요하다.

감정의 강약을 조절하는 것도 중요하다. 영어 단어를 공부할 때 무심코 외운 많은 동의어의 어원을 이해하면 어휘 선택에 도움이 된다. 예를 들면 해피(happy)와 글래드(glad)는 상당히 다른 의미를 가진다. 해피는 '너무 행복해서 참을 수 없다'이고 글래드는 '그냥 속으로 기쁘다'는 의미다. 원어민에게 해피와 글래드의 뜻은 하늘과 땅 차이다. 전자는 감정을 외적으로 표출하는 것이고 후자는 내적으로 느끼는 것이다. 만약 원어민이 당신을 만나서 글래드하다면 형식적인 인사에 불과하지만 해피하다고 하면 상당히 개인적인 감정을 들어낸 것이다.

용건만 간단히

"용건만 간단히 해주세요!"

공중전화를 많이 사용하던 시절에 흔히 듣던 말이다. 전화 통화가 길어지면 뒤에서 기다리던 사람들이 다소 감정 섞인 목소리로 말하곤 했다.

"집 전화도 아닌데……."

'용건만 간단히' 방침이 전화 영어와 이메일 영어에도 적용된다. 이메일은 연애편지가 아니다. 불필요한 수식 어구를 피하고 간단히 하자. 맨 앞에 안부 인사는 괜찮지만, 비즈니스 이메일에서는 인사말 없이 시작되는 경우가 상당히 많다. 개인 이메일이 아닌 회사 이메일로 보내는 경우 간결하게 작성해야 한다. 직장인들은 매일 상당량의 이메일을 읽어야 한다. 긴 이메일을 자세히 보지 않는다. 수신인이 꼭 알아야만 하는 중요 사항과 결정 또는 확인을 해주어야 하는 사항 위주로 분량을 최대한 줄여라.

매번 새로운 이메일을 작성하라. 같은 사람과 같은 업무로 여러 번 주고받을 경우, 답변을 계속 이어서 보내곤 한다. 이를 이메일 트레이스(email trace)라고 부른다. 시간이 지난 후에 출력해서 전체 내용을 파악하는 데 도움이 된다. 새로운 팀원이 들어왔을 때, 전후 관계를 이해하는 데 효과적이다. 전체를 인쇄한 후 쭉 펼쳐서 읽어보면 된다. 여기에도 실무 테크닉이 있다. 이메일 트레이스에서는 최신 이메일일수록 위에 있다. 맨 밑부터 시간 순서대로 읽는 것보다 위에서 아래로 역순으로 읽는 것이 더 효과적이다. 중간에 불필요해진 사안을 피해 이슈화된 사안에만 '선택과 집중'을 할 수 있다.

새로운 이메일을 작성할 때마다 수신인(TO)과 참고(CC) 여부를 확인해야 한다. 불필요한 사람에게 보내지 않기 위해서다. 비즈니스의 기본 중 하나는 쓸데없는 일을 줄이는 것이다. 상대방에게도 불필요한 업무를 늘리지 않도록 이메일을 효율적으로 작성하는 습관을 길러야 한다. 소송 상대방 등 절대로 받지 말아야 하는 사람이 CC 리스트에 포함될 경우 최악의 상황이 발생할 수 있다.

반대로 받아야 할 수신인이 빠지는 경우도 문제가 된다. 관련이 없는 그룹 이메일을 하루에 수십 통씩 받는다면 누구라도 달갑지 않을 것이다. 잘못하면 정크 메일로 분류되어 아예 읽히지도 않은 채 스팸 메일함으로 보내질 수도 있다. 숨은 참조(BCC)를 활용하는 방법도 있다. CC와 달리 BCC는 수신인이 모르게 제삼자에게 보내는 것이다. 수신인이 CC 리스트의 명단과 명수에 민감한 경우에 사용하라.

상대방 관점에서 써라

전화 영어와 마찬가지로 이메일 영어는 '상대방의 관점에서' 작성해야 한다. 길을 자동으로 안내하는 내비게이터가 운전자 중심으로 설명하는 것처럼 "당신의 오른쪽(on your right)" 또는 "당신의 왼쪽(on your left)" 등의 표현을 하는 것이 좋다. 그냥 오른쪽 또는 왼쪽이라고 하면 기준에 따라 달라질 수 있기 때문이다. 시간 약속을 잡을 때에도 마찬가지다. 상대방에게 익숙한 시간대로 설명해주면 이해가 빠르고 고맙게 생각한다.

해외에 있는 사람들과 전화 약속을 잡는 경우에는 상대방 국가의 시간으로 연락하는 것이 좋다. 자신의 시간대로 약속하면 현지 시간을 별도로 확인해야 하는 어려움이 생긴다. 처음 약속을 제안할 때 상대방의 현지 시간으로 말하고 국내 시간을 병기하는 방법을 추천한다. 주의할 점이 있다. 서머 타임제를 사용하는지 확인해야 한다. 서머 타임이 적용되는 미국의 경우, 그 기간에는 한 시간이 빨라진다. 평상시에 서울이 오전 10시면 뉴욕은 오후 9시지만, 서머 타임 실시 기간에는 오후 8시다. 봄에 1시간을 더한 후, 가을에 1시간을 빼는 방식으로 진행된다. 시간 변동으로 인한 혼란을 줄이기 위해서 일요일 새벽 2시 3시로 한 시간을 더하고(spring forward), 가을에 새벽 2시를 1시로 한 시간을 뺀다(fall back). 상대방 국가가 서머 타임 제도를 사용하는지 확인하는 것이 중요하다.

미국에서는 서머 타임제를 "데이라이트 세이빙 타임(Daylight Saving Time)"이라고 부른다. 서머 타임은 미 전역에 적용되는 것이 아니다. 하와이와 애리조나 주는 서머 타임을 따르지 않는다. 영토가 큰 나라에서는 지역에 따라서 시간차가 나타난다는 점을 기억하자. 핸드폰 통화일 경우 수신자의 동선에 유의해야 한다. 만약 그가 원래 근무하는 곳에서 동서 방향으로 이동하는 경우 시차가 생길 수도 있다.

미국의 경우에는 단순히 시간만 알려주어서는 안 되며 정확히 어느 시간대인지 병기해야 한다. 동쪽으로 이동하면 현지 시간이 빨라지고, 서쪽으로 이동하면 늦어진다. 뉴욕에 있는 바이어와 뉴욕 시간으로 오전 10시에 전화를 하기로 했다면 미국 동부표준시간 오전 10시(10 AM EST)로 반드시 표기해야 한다. 동부표준시간(E.S.T., Eastern Standard Time), 서부표준시간(W.S.T., Western Standard Time) 등을 활용하면 된다.

미국 표준시는 총 6개의 시간대가 나뉜다. 동쪽에서 서쪽으로 갈수록 시간은 1시간씩 느려진다.

시간대		표준시간
동부 시간대	Eastern Time Zone	EST (UTC-5)

중부 시간대	Central Time Zone	CST (UTC-6)
마운틴 시간대	Mountain Time Zone	MST (UTC-7)
태평양 시간대	Pacific Time Zone	PST (UTC-8)
알래스카 시간대	Alaska Time Zone	AKST (UTC-9)
하와이 알루시안	Hawaii-Aleutian Time Zone	HST (UTC-10)

유의할 점이 있다. 미국에서 같은 주에 있어도 다른 시간대가 적용되는 경우가 있다. 중부시간대에 위치한 노스다코다, 사우스다코다, 네브라스카, 캔사스의 서부 일부와 태평양 시간대에 위치한 오레건의 동부 일부에는 마운틴 시간대가 적용된다.

시차가 항상 1시간 간격이 아니라는 점도 주의해야 한다. 인도 뉴델리와 뭄바이의 경우 한국과 시차가 3시간 30분이 난다. 한국이 정오일 때 뉴델리는 오전 9시가 아니라 오전 8시 30분이 된다. 인도 회사와 거래할 경우에 유의해야 할 사항이다. 인터넷에서 돌아다니는 세계 시간지도는 오류가 많다. 인터넷에서 얻은 정보는 항상 다른 자료와 비교 검토해야 한다.

시간 부사구로 완성도를 높여라

시간 부사구를 적절히 활용하면 고급스러운 표현을 할 수 있다. 출장을 가기 전에 부재중 이메일 자동 답장을 설정한다고 해보자.

"저는 제 이메일을 확인할 것입니다."

(I will check my email.)

왠지 2%가 부족해 보인다. 뒷부분에 시간 또는 빈도를 나타내는 표현을 덧붙이면 자연스러워진다. 예를 들어 주기적으로(on a regular basis)라는 표현을 붙여서 "I will check my email on a regular basis."라고 쓸 수 있다.

구어 표현만 쓰는 것보다는 문어 표현을 적절히 섞어 쓰는 것이 좋다. sorry라는 단어를 쓰고 싶다면 "I'm afraid." 또는 "We regret."라는 표현을 쓰는 것이 고급스럽게 보인다. 감정을 많이 실어서 sorry라는 뜻을 전달하고 싶다면 apologize라는 동사를 사용하는 것이 좋다. 또한 'get back to you'라는 구어 표현만 사용하기 보다는 가끔은 'revert to you'라는 고급 표현도 사용하면 좋다.

디테일 표현에 유의하라

비즈니스 영어를 사용할 때 틀리기 쉬운 표현을 몇 가지 정리해보았다. 쉬운 표현이지만 정확하게 사용하는 것이 중요하다. 티끌 모아 태산이다! 별 것 아닌 것 같은 사소한 일이 차곡차곡 쌓이면 큰 효과를 내기도 한다. 이메일 영어의 기초를 한번 알아보자.

In과 Within

얼핏 보기에 비슷한 영어와 한국어 표현 중에 서로 뜻이 다른 경우가 있다. 예컨대 전치사 in과 within의 뉘앙스 차이다. 상당수 사람이 두 전치사를 같은 뜻으로 생각한다. 두 전치사가 날짜 개념으로 쓰일 때는 확연히 다르다. in 10 days는 '10일이 지난 후', within 10 days는 '10일 내'를 뜻한다. in 10 days는 10일을 포함하지 않고 '초과'한다는 의미이고 within 10 day는 10일을 포함한 '이하'의 의미다.

More than과 Less than

'이상'과 '이하' 표현의 뉘앙스 차이는 항상 주의해야 한다. 우리말의 이상과 이하에 딱 맞는 영어 표현이 없다. 우리말을 영어로 옮길 때 자주 틀리는 부분이다. 예를 들어 3개 이상을 의미할 때 "more than 3"라고 쓰면 틀린다. more than은 초과의 의미로, 그 기준이 되는 숫자를 제외하기 때문이다. 정확한 표현은 "3 or more" 이다. 이하와 미만의 개념도 같은 맥락에서 이해하면 된다. 3 이하는 "3 or less" 이고, 3 미만은 "less than 3" 이다. 미세한 차이지만 비즈니스 상에서는 큰 차이가 될 수 있기 때문에 주의해야 한다.

I'm yours

영어 편지와 영문 이메일의 차이점도 염두에 둘 필요가 있다. 영어 편지는 문어체를 자주 사용하고 구어체를 잘 사용하지 않는다. 반면, 이메일은 문어체와 구어체가 혼용되는 특징이 있다. 문어체에서는 Dear로 시작하고 끝날 때 Sincerely, Faithfully, Truly라는 부사와 함께 Yours라는 단어를 맨 끝에 붙인다.

영어 이메일에서 상대방 이름 앞에 Dear를 붙이는 것은 괜찮지만 맨 마지막에 Yours를 붙이는 것은 피하는 게 좋다. Yours는 "I am yours."의 준말로 "난 니꺼야!"와 같은 개인적인 의미다. 그룹 핑클의 히트곡 〈내 남자친구에게〉의 마지막 가사와 비슷한 느낌이다. 불필요한 오해는 피하자.

"지금 이대로 너의 품속에 나를 데려가줘~. 난 니 꺼야~!."

미국만 달러를 쓰는 것이 아니다

미국에서만 달러를 사용한다고들 생각하지만, 홍콩과 대만에서도 달러를 사용하며 각각 홍콩 달러(HKD)와 대만 달러(TWD)로 불린다. 외국과 거래 시에 그냥 달러라고 말하면 혼동이 생길 수 있다. 미국 달러인 경우 반드시 USD(U.S. Dollar)라고 써야 한다. 비용이 국내에서 발생하는 경우 원화로만 알려주기 쉽다. 하지만, 환율이 변동적이고 상대방이 원화 환율을 잘 모를 수 있기 때문에 원화와 달러로 환산한 비용을 병기하는 것이 좋다. 달러로 환산하는 경우는 적용 환율도 간단히 언급하면 상대의 이해를 도울 수 있다.

Attach

이메일 첨부 문서는 영어로 attachment라고 부른다. 동사 attach를 사용한다.

"I am attaching the file."
"Attached is ……."

가끔 수동태도 쓰이긴 하지만 자주 사용하진 마라. 영어에 익숙하지 않은 비영어권 사람들과 이메일을 주고받을 때는 수동태를 가급적 피하라. 의미상의 혼돈을 일으킬 수 있기 때문이다. 조금 더 고급스러운 표현은 please라는 단어를 추가하면 된다.

"Please find attached the file."

인사말은 복수형으로
문법적으로 완벽한 이메일을 작성해도 맨 앞에 나오는 기본적인 인사말을 틀리면 읽는 사람이 실망하게 된다. 영어 인사말은 흔히 어미에 s를 붙인 복수형이다. 국내에서 배우는 기초 영어의 인사말은 대부분 단수 표현이다.

"Good morning."
"Good afternoon."
"Good evening."

이런 단수 표현은 친근감을 주는 대신에 고급스러운 느낌을 주지는 않는다. 끝인사도 주의해야 한다. "Best regards"가 무난하다. 이니셜만 따서 "BB"라고 간단히 쓸 수 있다. "Greetings"처럼 복수형만 사용할 수 있다는 점을 명심하라.

미국인은 고급스러워 보이는 "Greetings"를 선호한다. 축하할 때는 'Congratulations'라고 반드시 단어 끝에 s를 붙여서 복수형으로 써야 한다. 약자도 끝에 s를 붙여서 "Congrats"라고 해야 한다. 별다른 의미가 없어 보이는 마지막 's'자가 원어민에게는 큰 차이로 느껴진다.

　이메일 수신자가 비영어권 사람이라면 그 나라 인사말을 하는 것은 좋다. 스페인 사람이라면 "부에노스 디아즈!(¡Buenos dias!)"라고 쓰면 좋아한다. 알파벳을 쓰지 않는 언어일 경우 그 영어 발음만 써도 좋다. 일본인에게는 "곤니치와!(Konichiwa!)," 중국인에게는 "니하오!(Nihao!)"라고 하면 된다. 상대방은 자신의 모국어 인사말을 찾아서 이메일에 썼다는 사실만으로 호감을 느낄 수 있다. 이런 사소한 점이 대인 관계에 긍정적인 영향을 줄 수 있다는 점을 기억하라.

3. 비즈니스 미팅 주의사항

비즈니스 미팅 시 상대방과의 문화적 차이를 존중하고 적극적으로 이해하려는 자세가 필요하다. 외국인들과 비즈니스를 하다 보면 갑자기 연락이 오지 않을 때가 있다. 필요할 때가 되어서만 연락하는 경우도 있다. 지속적인 인간관계를 유지하는 데에는 상당한 노력과 시간 투자가 필요하다. 지속적인 사후 관리도 매우 중요하다. 외국인, 주로 미국인들과 비즈니스를 할 경우에 주의 사항을 간단히 정리해본다.

호불호는 갈린다

미국인과 식사 약속을 하는 경우 메뉴 선정에 주의하자. 일반적으로 미국인은 맵고 짠 음식 대신 달고 부드러운 음식을 선호한다. 예를 들면, 불고기와 돌솥비빔밥을 좋아한다. 사람마다 입맛이 다르다. 씹는 맛을 중요시하는 사람에게는 불고기를, 맛과 다이어트에 신경을 쓰는 사람에게는 돌솥비빔밥을 추천하는 것이 어떨까? 불고기는 코리안 바비큐(Korean

BBQ), 돌솥비빔밥은 스톤팟 믹스라이스(Stone Pot Mixed Rice)라고 설명해주면 된다.

국적에 따라서 좋아하는 한국 음식이 다른 경향이 있다. 일반적으로 동양인은 국물이 있는 탕 종류를 선호한다. 예를 들면, 중국인들은 설렁탕, 일본인들은 삼계탕을 좋아한다. 서울 시내 유명한 삼계탕집에 가보면 일본인 관광객을 쉽게 발견할 수 있다. 서양인은 탕보다는 고기를 선호한다. 미국에서 유명한 "캠벨즈 치킨수프(Campbell's Chicken Noodle Soup)"와 비슷하게 생각해서 삼계탕을 좋아하는 친구들도 가끔 있다.

미국 대형마트에 가면 쉽게 구입할 수 있는 닭고기 수프이다. 미국에서 몸이 좋지 않을 때 먹는 음식으로 폭넓은 호응을 받고 있다. 삼계탕과 상당히 비슷하지만 그윽한 국물 맛은 기대하기 힘들다. 한국과 미국의 공통된 건강 식품으로 공감대를 형성할 수 있다. 미국인과 삼계탕을 먹게 된다면 코리안 스타일의 캠벨즈 치킨 수프라고 설명해 보라.

자리에 앉아 있으면 종업원이 직접 서빙을 해주는 식당을 싯다운 레스토랑(sit-down restaurant)이라고 부른다. 패밀리 레스토랑과 고급 레스토랑이 포함한다. 미국인에게 얇은 방석을 깔고 바닥에 앉는 전통 한식집은 상당한 고통이 될 수 있다. 평생 의자에 앉아서 생활하던 사람이 갑자기 '양반다리'로 맨바닥에 앉으면 다리에서 쥐가 날 수 있다. 미국인에게 한국 전통 식당에 가겠냐고 확인해보는 것이 좋다. 가끔은 새로운 문화 체험의 기회로 반기는 사람도 있다. 맨바닥에 앉아서 식사를 한다고 하면 상당히 놀라는 미국인이 많다. 맨바닥이라는 표현을 조금 더 부드럽게 전하기 위해

푹신한 '방석(cushion)'을 강조하는 것도 좋다.

서양에서는 음식 냄새가 옷에 배는 것을 매우 싫어한다. 미닫이문이 있는 깨끗한 방에서 조용히 식사하는 것도 괜찮다. 미국 한인타운에서 식사할 경우, 냄새가 많이 나는 숯불 요리를 먹을 때 윗옷을 차에 놓고 오는 경우가 있다. 양복에 한식 냄새가 배면 드라이 클리닝을 해도 잘 빠지지 않기 때문이다. 주방 안에서 조리를 마친 고기 요리가 좋다. 옷에 냄새가 배지 않는 장점이 있다.

식사하며 공연을 보는 것도 매우 좋아한다. 외국인을 위한 국악 공연을 보여주는 식당에 데려가 전통 한복을 입은 종업원과 인증샷을 찍게 해주면, 상당히 즐거워할 것이다. 식사를 마친 후, 페이스북 등의 소셜네트워크(SNS)에 사진을 올려놓으면, 상대방이 손쉽게 퍼갈 수 있다. 페이스북의 경우, 얼굴에 상대방의 이름을 입력할 수 있는 태그 기능을 활용해도 좋다. 물론 상대방의 동의를 사전에 꼭 받아야 한다.

옆자리에는 앉지 마라

비즈니스 미팅을 할 때 음식점 선정에 대해 상대의 의견을 들어보는 게 좋다. 미국에는 채식주의자들이 상당히 많기 때문에 잘못하다가 상대방을 쫄쫄 굶길 수도 있다. 종교적인 이유로 특정 음식을 먹지 않기도 하니 먼저 물어보라. 두세 곳을 동시에 추천하고 선택하라고 하면 된다. 만약 채식주의자에게 한우 고깃집만 세 군데를 추천하면 불편한 대화가 오갈 수 있다.

음식점을 선택할 때 주의할 점이 있다. 상대방 국가의 전통 음식점은 피해라. 미국에서 알고 지내던 이탈리아 친구가 해준 말이 떠오른다.

"이탈리아에는 치킨 파스타가 없습니다!"
(There is no chicken pasta in Italy!)

이탈리아인은 닭과 파스타가 서로 궁합이 맞지 않는다고 생각한다고 했다. 한국 연수를 온 베트남 공무원과 식사를 같이 한 적이 있다. 당시 유행하던 베트남 쌀국수집에 초대했는데 반응은 냉담했다.

"이건 베트남 스타일이 아닙니다!"
(This is not Vietnamese style!)

몇 달 후, 베트남 호치민에 출장을 가서 현지의 맛을 볼 기회가 있었다. 쌀국수 맛이 많이 달랐다. 차라리 분위기 좋은 한식집으로 초대해서 한국 문화와 음식에 대해 자세히 설명하는 것이 낫다. 호기심이 많은 사람이라면 방에 앉아서 식사하는 전통 한식집이 좋고, 입맛이 보수적인 사람의 경우, 퓨전 한식집이 무난하다. 전통 한옥 스타일도 괜찮다. 서양인들은 신발을 벗고 바닥에 앉는 것에 익숙하지 않으므로 한옥에 가더라도 식탁이 있는 곳이 좋다. 젓가락질에도 익숙지 않기 때문에 수저로 먹을 수 있는 비빔밥 등의 식사 메뉴가 괜찮다.

테이블에서 식사를 하는 경우 좌석 배치에 신경을 써라. 좌석 배치에 따라서 서로의 관계를 알 수 있기 때문이다. 미국에서는 연인 관계인 경우에만 옆에 앉는다. 비즈니스 관계에서는 절대로 옆자리에 앉지 않는다. 잘못된 메시지를 상대방에게 줄 수 있기 때문이다.

묻지도 말하지도 않는다

개인 정보의 범위는 나라마다 다르다. 서양 문화권에서는 나이, 결혼 유무 등을 질문하는 것은 결례이다. 우리나라에서는 흔한 질문이다. 한국 사람끼리는 공통분모를 찾기 위해 나이나 학번을 집요하게 캐묻는다. 미국에서는 초면에 나이를 물으면 무례한 행동으로 받아들여지며 설사 묻는다고 해도 대답하지 않는다. 수년간 알고 지내는 친구끼리도 나이를 정확히 모르는 경우가 많으며, 신체적인 나이보다는 겉으로 보이는 외관상의 나이를 더욱 중요시한다.

여성의 경우, 실제 나이보다 어리게 부르면 좋아한다. 예를 들어, 미국 음식점에서 알코올이 포함된 음료수를 주문할 경우, 종업원이 신분증을 직접 확인한다.

"당신의 신분증을 봐도 될까요?"
(Can I see your ID?)

법적 연령을 훨씬 넘긴 여성에게 이렇게 물어보면 무척 좋아한다. 지갑에서 신분증을 꺼내야 하는 번거로움도 모두 잊은 채 감사의 말까지 한다. 남성은 실제 나이보다 어리게 보면 안 좋아하기도 한다. 남자들의 세계에서는 어려 보이는 것이 항상 좋은 것만은 아니다. 실제 나이보다 약간 낮춰서 말해보자. 약간 더 젊어 보인다고 하면 흡족해하는 경우가 많다. 예상한 나이가 실제 나이와 다를 수 있기 때문에 항상 주의해야 한다.

출생 연도에 대한 이야깃거리를 다루고 싶다면 중국의 십이지간에 대한 설명이 좋다. 십이지간에는 자, 축, 인, 묘, 진, 사, 오, 미, 신, 유, 술, 해 등 12 종류의 동물이 있고 60년을 주기로 같은 이름의 해가 돌아온다고 설명하라. 예를 들면, 2023년은 계묘년으로 검은 토끼의 해이다. 자신 또는 가족을 예로 들면서 동물의 특징을 함께 설명하라. 미국 친구가 재미있게 생각하면 자연스레 자신의 이야기도 꺼낼지도 모른다. 눈길을 피하거나 관심 없는 표정을 짓는다면, 신속히 화제를 전환해야 한다.

서양인들과는 태어난 달에 대해서는 별다른 거부감 없이 대화를 이어갈 수 있다. 출생 년도와 달리 달을 묻는 것은 허용되며, 별자리에 관심 있는 사람이 종종 있기 때문에 별자리 해설을 해주면 좋은 반응을 얻기도 한다. 자신의 달을 먼저 알려주며 관련 설명을 하고 물어보는 것이 좋다. 개인적인 정보를 먼저 요구해서는 안 된다. 참고로 혈액형 이야기는 별로 좋지 않다. 국내처럼 혈액형별 성격 분석이 유행하지도 않으며, 혈액형 등의 개인 정보는 프라이버시로 여긴다.

공감대를 찾아라

한국을 방문하는 외국인이 누구나 우리나라에 대해 잘 아는 것은 아니다. 상대방이 관심 있는 분야를 자연스럽게 설명해가는 방법이 좋다. 예를 들면 최근 개봉한 영화 중에 재미있게 본 것으로 이야기를 시작해보자. 미국인들에게는 미국 영화가 좋다. 상대방이 관심 있는 장르를 알게 되면 같은 분야의 한국 영화나 드라마를 소개하는 것도 괜찮은 방법이다.

미국과 국내의 흥행 성적이 다를 경우도 있으니 미국 흥행 성적을 미리 확인해보는 것이 좋다. 미국 영화 흥행 순위를 매년 주의 깊게 관찰해두자. 흥행 영화는 좋은 화젯거리가 될 수 있기 때문이다. 공감대가 생겨나고 있는지는 상대의 반응에서 알 수 있다. 상대방이 갑자기 말을 많이 하거나 크게 웃을 경우는 긍정적이다. 반대로 아무런 답변이나 질문이 없는 경우는 이미 흥미를 잃은 것이다. 비즈니스 미팅에서도 상대방의 반응을 신속하고 정확하게 파악하는 센스(눈치)가 중요하다.

4. 영어 인터뷰는 면접관 눈높이로

영어 인터뷰는 면접관의 영어 실력에 알맞게 자신의 답변을 준비하라. 면접관은 크게 원어민과 한국인으로, 또 한국인 면접관은 국내파와 해외파로 소분류할 수 있다. 그룹별로 영어 인터뷰 시 주의사항을 각각 살펴보자.

원어민에게는 간결하게

먼저 면접관 성향을 파악하라. 원어민이라면 대답을 짧고 간결하게 하는 것이 좋다. 너무 긴 문장으로 완벽하게 대답하려고 하면 부자연스러워 보일 수 있다. 원어민의 경우, 자신의 말을 잘 이해하는지에 관심이 많다. 말을 많이 하는 것보다는 정확한 답변을 해야 한다. 답변을 너무 길게 하면 수다스러운 사람으로 보일 수 있다. 영어가 익숙지 않은 사람이라면 말이 많아지면 실수할 확률도 높아진다. 원어민 면접관을 만날 경우 콩글리시 표현을 자제해야 한다.

면접관의 국적도 고려해볼 필요가 있다. 영어권 국가마다 특유의 표현과 뉘앙스가 있기 때문이다. 영어를 사용 지역에 따라 크게 네 가지로 분류할 수 있다. 미국, 영국, 유럽 그리고 아시아 등의 기타 지역이다. 면접관의 비위에 너무 맞추려고 노력할 필요는 없다. 면접관의 악센트에서 그 사람의 배경을 빨리 파악하고 적응하는 것 정도면 된다. 영국인 면접관이라면 너무 강한 미국식 발음을 그리 좋아하지 않을 것이다. 그렇다고 해서 무리하게 영국식 발음을 흉내낼 필요는 없다. 어설프면 면접관이 오히려 불쾌하게 여길 수도 있다.

한국인에게는 또박또박하게

한국인 면접관의 경우, 발음을 또박또박하는 것이 중요하다. 영어를 잘하지 못하는 면접관이라면 혀를 지나치게 굴리는 치즈 발음은 달갑게 여기지 않는다. '너 잘났다!' 속으로 생각하면서 면접 점수를 깎을지도 모를 일이다. 답변을 하면서도 면접관의 표정 변화에 유의하라. 특정 단어에 민감하게 반응하거나 모르는 듯한 느낌이 들면 답변 방식을 즉시 바꾸는 센스가 필요하다.

국내파 면접관인 경우에는 너무 빨리 말하지 마라. 대부분의 국내파는 원어민과 같은 영어 실력을 갖추고 있지 않다. 자신이 이해할 수 없는 단어나 발음을 하면 불편하게 여긴다. 한국 문화의 특징인 '눈치'도 한몫한다. 천천히 또박또박 말해서 면접관이 잘 이해하도록 돕자. 대답할 경우에는 가능한 한 문법적으로 완전한 문장으로 답하는 것이 좋다. 어려운 표현이라던가 축약 표현을 쓰면 이해를 못할 수도 있다. 면접관에게 익숙한 표현을 써서 편안함을 느끼게 해 주는 것이 중요하다.

영어 인터뷰 도중에 한국인 면접관이 영어로 농담을 건네는 경우가 있다. 지원자의 순발력을 테스트하고 자신의 유머 감각을 인정받기 위해서이다. 아무리 재미없는 농담이어도 크게 웃어라. 면접관이 지원자에게 원하는 자세는 썰렁한 상사의 농담에도 긍정적으로 반응하는 태도이기 때문이다.

마지막으로 면접관의 실수를 절대 지적하지 마라. 원어민 수준의 실력을 갖춘 유학파부터 다른 사람 대신 나온 사람까지 면접관의 영어 실력은 천차만별이다. 영어 인터뷰를 보는 사람 입장에서는 면접관의 영어 실력이 상당히 중요하다. 영어 실력이 좋을 경우 준비한 대로 임하면 된다. 영어 실력이 부족해서 인터뷰 중에 실수를 하는 경우에는 절대로 내색을 하거나 웃으면 안 된다. 포커를 칠 때 상대방에게 감정을 드러내지 않는 포커페이스가 필요하다.

감각적으로 선택하라

다른 지원자와 차별화하기 위해서는 고급 영어를 사용하는 방법이 있다. 고급 영어란 어려운 단어를 계속 쓰는 것이 아니다. 강약을 조절하는 것이다. 쉬운 단어와 어려운 단어를 적절히 섞어서 면접관에게 강한 인상을 남기자. 너무 기초적인 표현은 피하라. want 또는 desire 등의 단어는 가급적 피하는 것이 좋다. 회사에 입사한 후에 무엇을 하고 싶으냐는 질문을 받았다고 가정하자.

"저는 회사 축구팀에 가입하고 싶습니다."
(I want to join the company soccer team.)

아주 초보적인 문장이다. want to라는 표현은 초보적인 어감이 강하고 어린이가 말하는 표현과 비슷하기 때문이다. would like to를 사용하는 것이 더 자연스럽게 들린다. 감탄사나 접속사를 남발하지 마라. 상당수의 사람들은 말이 끊어지는 것을 막기 위해 중간에 감탄사를 집어넣던가 '음······.' 등을 사용한다. 긴 문장으로 이야기할 때는 시작부터 끝까지 일정한 말하기 속도를 유지해야 한다. 잘 아는 부분이라고 해서 빨리 말하거나, 자신 없는 부분이라고 해서 느리게 말하면 어색해 보인다.

형용사와 부사를 자주 사용하는 것도 좋지 않다. very, pretty, especially 등을 너무 자주 사용하면 부자연스럽게 들린다. etc. 같은 문어체 표현은 가급적 사용하지 않는 것이 좋다. 기본적인 영어 어휘를 점검해보는 것이 좋다. 콩글리시 표현은 피해야 한다.

마지막으로 정리해 보자. 영어 인터뷰의 핵심은 당신이 얼마나 영어를 잘 하는가가 아니다. 면접관이 당신의 영어 실력을 어떻게 평가하는가가 중요하다. 똑같은 영어 실력을 가지고 있더라도 평가 기준에 따라서 다른 결과가 나올 수 있다는 말이다. 즉, 영어 인터뷰의 평가 기준은 상당히 주관적이라는 사실을 기억하라.

VII

글로벌 세일즈 영어

비즈니스의 핵심은 세일즈이다. 모든 세일즈는 만남에서 시작된다. 국내에 거주하는 외국인들을 대상으로 하는 세일즈 기회가 있다. 주한 외국상공회의소가 대표적인 예다. 한국에서 근무하는 외국계 회사 임직원 및 주한 외국대사관 직원들과 자연스럽게 대화할 수 있다. 처음 만난 외국인과 거리감을 좁힐 수 있도록 아이스 브레이킹 기술과 짧은 시간 내에 강한 인상을 줄 수 있는 이미지 메이킹 방법을 소개한다.

1. 주한외국상공회의소

AMCHAM

국내에서 가장 활발한 외국상공회의소는 1953년에 세워진 주한미국상공회의소(AMCMAM, 암참)이다. 미국 기업 주요 임원들이 한국 경제 및 비즈니스에 대한 정보를 주고받는다. 2010년 당시 회장은 유나이티드항공 한국지사장인 데이비드 럭이며, 명예 회장은 주한 미국대사인 캐슬린 스티븐스이다.

암참 대표 에이미 잭슨은 2002년에서 2005년 미국무역대표부(U.S.T.R.)에서 근무했다. 그녀는 한국 담당 부대표로 한·미 FTA협상에 참가했다. 광우병 사태 이후 미국산 쇠고기 수입 및 스크린 쿼터 등의 협상에서 한국 정부에 통상 압박을 가했던 대표적인 인물이다. 이런 사람이 암참 대표를 맡았다는 사실을 눈여겨 볼 필요가 있다.

암참은 한국 기업을 포함해서 1,000여 개의 회원사와 2,000여명의 개인 회원으로 구성되어 있다. 국내 기업도 가입할 수 있다. 활발한 외국 회사는 암참 임원의 소속 회사를 확인하면 쉽게 확인할 수 있다. 네 명의 임원은 GE Korea, 3M Korea, MetLife Korea 및 삼일회계법인이다. 참고로 삼일회계법인은 미국 회계법인인 프라이스 워터하우스 쿠퍼스(Price Waterhouse Coopers)의 네트워크 회사로, 국내에서는 삼일회계법인이고, 해외에서는 Samil PWC라는 영문 이름을 사용한다.

암참의 조직 구조에 대해 살펴보자. 암참의 모임은 정기 회의(General Membership Meeting)와 분과 위원회 모임(Committe Meeting)으로 나뉜다. 모임 시간에 따라서 조찬 모임, 오찬 모임, 디너 리셉션으로 구분된다. 조찬 모임은 전문성이 높고 규모가 작은 분과 모임 형태로 운영된다. 오찬 모임은 새로운 사람이 참석하는 경우가 많아서 누구든지 편하게 참석할 수 있는 열린 분위기다. 디너 리셉션은 저녁 식사를 하면서 자연스럽게 개인적인 친분을 쌓을 수 있는 좋은 네트워킹 기회다.

정기 회의는 회원이면 누구나 참석할 수 있다. 다양한 회원들이 공통적으로 관심을 가질 만한 이슈에 대해서 초청 강사의 강연을 듣는다. 반면 분과 위원회 모임은 특정한 산업 분야에 관심이 있는 회원들이 가입하여 만드는 일종의 동아리 모임이다. 같은 산업계에 있는 사람들을 한자리에서 만날 수 있고, 공통 이슈에 대한 깊은 대화를 나눌 수 있다는 장점이 있다. 새로운 클라이언트와의 개인적인 대화를 나눌 기회가 많아서 정기 모임에 비해 인맥 관리에 유리한 면이 있다. 반면 경쟁사들이 한 곳에 모이기 때문에 상호 간의 역학 관계를 염두에 두고 접근해야 한다.

암참 모임에 참석하려면 사전에 등록해야 한다. 암참 회원은 이메일로

배포되는 등록서를 작성해서 이메일 또는 팩스로 보내면 된다. 등록서에는 'R.S.V.P.'라는 표현이 자주 사용된다. 프랑스어로 'Résponse s'il vous plaît'의 약자로 '회답 바람'이라는 뜻이다. 초청장과 함께 보내온 등록서에 개인 정보를 적어서 팩스 또는 이메일로 회신하면 된다. R.S.V.P.는 Reservation과 달라, 참석 여부만 확인할 뿐, 좌석이 지정되진 않는다. walk-in은 예약 없이 출입한다는 뜻이다. 2010년 당시 등록비는 약 3~5만 원이고 현장 접수의 경우 등록비가 더 비싸다. (2023년 기준, 암참 모임 등록비는 상승했다. 조찬 모임은 8~9만원, 오찬 모임은 11~12만원이다. 비회원은 경우에 따라서 15% 추가 비용이 붙는다.)

Rainmaker

암참에서는 국내에 진출한 미국계 글로벌 기업의 임원들과 자연스럽게 안면을 틀 수 있다. 새로운 클라이언트를 구축하거나 기존 클라이언트를 관리하는 데 도움이 된다. 국내 대형 로펌에서는 소속 변호사를 암참 회의에 참석시켜 클라이언트 관리 및 마케팅의 기회로 활용한다. 전문 용어로 '레인메이커(rainmaker)'라고 한다. 클라이언트의 업무를 수임해 오는 변호사를 의미한다. 레인메이커의 능력에 따라 로펌의 경쟁력이 달라진다.

국내 법률 시장의 경쟁이 치열해지면서 대형 로펌들은 암참에 여러 명의 변호사들을 팀으로 보낸다. 혼자 참석하는 경우는 드물고 대개 서너 명이 팀을 짜서 참석하며 행사장에서 뿔뿔이 흩어진다. 최대한 많은 클라이언트와의 만남을 갖기 위해서다. 문제는 여러 로펌이 동시에 같은 접근 방식을 사용한다는 점이다.

어떤 미팅에서는 같은 테이블에 각기 다른 로펌의 변호사 서너 명이 앉는 경우도 발생한다. 블루오션이 아니라 레드오션이다. 빨리 다른 테이블로 옮기는 것이 상책이다. 안타깝게도 변호사는 외국상공회의소에서 그리 환영받지 못한다. 회원 자격으로 참석하기 때문에 불청객 취급을 당하지 않지만, 변호사와 명함조차 나누는 것을 꺼리는 경우도 있을 정도이다.

일찍 일어나는 새가 벌레를 잡는다

상공회의소 미팅 장소에 미리 도착하라. 행사는 주로 서울 시내 고급 호텔에서 열린다. 강남과 강북의 호텔에서 번갈아 가면서 열린다. 서울시 삼성동 무역협회에 있는 암참은 강남 근처에서 자주 모임을 한다. (2017년 암참은 사무소를 여의도 IFC 빌딩으로 옮겼다.) 광화문에 있는 유럽상공회의소(EUCCK)는 강북 호텔에서 자주 모임을 마련한다.

미팅 장소에 먼저 도착할 경우 다른 얼리버드(early birds)를 만날 수 있다. 상공회의소 참가자들의 상당수는 처음 온 경우다. 아직 회의장에 인파가 많지 않기 때문에 여기저기 흩어져 있는 사람들과 돌아가면서 인사를 나누면 상대방을 기억하기 쉽다. 회의가 시작되면 너무 많은 사람을 동시에 만나기 때문에 얼굴을 기억하기도 쉽지 않다. 만난 사람 수가 적을수록 기억할 확률은 높아진다. 일정이 바쁜 참가자인 경우 일찍 회의장에 도착해서 분위기를 파악한 후 회의가 끝나기 전에 떠나는 경우가 많다. 일찍 왔다 일찍 떠나는 부지런한 얼리버드인 것이다.

골든박스를 선점하라

얼리버드와의 대화가 끝나면 자신이 앉을 테이블을 결정해야 한다. 과연 어느 테이블이 가장 좋은 명당일까? 회의장 입구로 돌아온 후 모든 테이블이 한눈에 바라보이는 위치를 선점하라. 풍수지리설에서는 '배산임수(背山臨水)'가 이상적인 배치다. 산을 등지고 물을 바라보는 지세로, 주택이나 건물을 지을 때 좋은 배치다. 암참 회의장에서 위치를 결정하는 데 적용해보자. 산과 물은 무엇일까? 물(水)은 참석자들이 이동하는 '동선'이고, 산(山)은 발표자의 '연단'으로 생각하면 된다.

암참 회의에서 모든 참석자의 시선은 자연스럽게 발표자의 연단을 향한다. 테이블에서 세 가지 부류의 사람을 피하라. 오늘 이미 인사를 나눈 사람, 기존에 알던 사람, 경쟁사 직원이다. 세 분류 중에 한 사람만 있어도 레드오션으로 취급하라. 블루오션을 개척하라! 좌석에 앉자마자 다시 일어서서 '시계 방향으로' 테이블을 돌면서 명함을 교환하라. 환하게 웃는 얼굴로 한 사람씩 눈을 보고 인사를 나누자. 빈자리에 새로운 사람이 앉게 되면 즉시 인사를 나누자. 너무 늦게 인사를 하면 왠지 어색한 분위기로 흐르기 쉽다.

제자리로 돌아온 다음에는 테이블 오른쪽에 명함을 나열하라. 어떤 사람들은 받은 명함을 곧바로 지갑에 집어넣기도 한다. 명함을 준 상대방이 자신을 중요하지 않다고 여겨 불쾌하게 생각할 수 있다. 암참 모임에서 다른 이들의 명함을 테이블에 올려놓는 것은 전혀 결례가 아니다.

사람마다 명함을 나열하는 방법이 다르다. 크게 왼쪽에서 오른쪽으로 '횡으로' 나열하는 방법과 위에서 아래로 '종으로' 나열하는 방법이 있다. 각기 장단점이 있다. 횡으로 나열할 경우, 자신의 위치와 상대방의 위치를 쉽게 비교할 수 있어 대화할 때 편하나, 너무 많은 공간을 차지해 옆 좌석에 앉은 이들이 불편해 할 수 있다. 종으로 나열할 경우에는 공간을 최소화할 수 있으나, 상대방의 위치와 이름을 맞추기가 다소 어려울 수 있다.

추천하는 방법은 '2열 종대' 나열식이다. 내 왼쪽에 앉은 사람들의 명함은 왼쪽 줄에 나열하고 오른쪽 사람들은 오른쪽 줄에 배치한다. 가까운 사람일수록 위쪽에 놓으면 상대방의 이름과 명함을 금방 매치할 수 있다. 왼쪽에서 두 번째 있는 사람의 이름이 궁금할 경우 왼쪽 줄 위에서 두 번째 명함을 확인하면 된다.

명함 정리와 이메일 작성 요령

상공회의소에서 새롭게 만난 사람들과의 관계 유지를 위해서는 재빠르게 움직여야 한다. 모임을 마치고 사무실로 돌아간 직후 명함 위에 특이 사항을 적어두면 나중에 기억하기가 훨씬 쉽다. 키가 크다, 목소리가 크다 등 신체적인 특징 또는 인맥 등을 기록해 두면 효과적이다. 명함 정리가 끝나면 즉시 이메일을 보내야 한다. 상대방이 회사로 돌아가서 이메일을 체크하기 전에 먼저 보내는 것을 목표로 삼아야 한다. 만약 상대방이 회사로 돌아와서 당신이 보낸 이메일을 읽게 되면 강한 인상을 받을 수 있다.

"오늘 런천 미팅에서 '당신의 왼쪽'에 앉았던 ○○○입니다."

이메일 내용도 중요하다. 간결하게 쓰는 것이 포인트다. 제일 중요한 점은 이메일 작성 타이밍이고, 두 번째로 중요한 점은 만난 시간과 장소를 포함시켜 상대방의 기억을 돕는 것이다. 같은 테이블에 앉았다면 어느 위치에 있었는지까지 구체적으로 적어주는 세심함이 필요하다. 상대방의 위치에서 당신의 위치를 적어라. 예를 들면, "당신의 왼쪽" 또는 "당신의 오른쪽"으로 구체적으로 적을수록 좋다.

당신 이메일을 받고 답장이 오지 않았다고 실망하지 마라. 이메일은 답장을 받고자 보내는 게 아니라 당신이 먼저 무언가를 했다는 것을 상대에게 알리는 것이다. 답장하지 않았더라도 다시 만나게 된다면 반갑게 대할 것이다. 두 번째 만날 경우 가볍게 인사한 후 슬쩍 확인하라.

"지난 번에 제 이메일을 받으셨나요?"
(Did you receive my email last time?)

여기에서의 핵심은 단어 선택이다. 내가 보낸 이메일을 읽었느냐(read)고 직접적으로 물어보면 불쾌하게 느낄 수 있다. 간접적으로 받았느냐(receive)로 묻는 것이 효과적이다. 당신의 이메일을 받고도 못 읽었을 수도 있다. 여기에서 요점은 읽었느냐 대신에 받았느냐고 묻는 것이다. 받다(receive)와 읽다(read)의 미묘한 뉘앙스의 차이가 중요하다. 답장을 하지 않은 경우, 자책감 때문에 오히려 당신을 오래 기억할 것이다. 상대방과의 마지막 미팅이 최근이라면, 구체적인 시간을 명시하면 더욱 효과적인다. 지난 번(last time)이 아니라, 어제, 지난 주, 지난 금요일 등으로 구체적으로 세분화할수록 효과적이다.

2. 암참 테이블을 점령하라

　암참 모임은 두 시간 가량 지속된다. 옆 좌석에 앉은 참석자들과 명함을 주고받고 날씨 이야기 등 신변 잡담을 나누다 보면 금세 다 지나간다. 더 적극적으로 자신을 알리는 방법이 필요하다. 모임이 끝난 후 새로 만난 사람의 이름을 기억하기는 쉽지 않다.

　회의 장소의 특성을 분석해보자. 서울 시내 대형 호텔의 회의실에서 열린다. 주로 원탁 테이블에서 둥그렇게 둘러 앉아서 식사를 하게 된다. 일반적으로 대형 호텔의 원탁에는 의자가 여덟 개 놓이므로 일곱 명과 함께 배석하게 된다. 일곱 사람의 마음을 어떻게 움직일 수 있을까? 백설공주와 일곱 난장이와 비슷한 상황이다. 백설공주처럼, 집주인 일곱 난장이 모두가 자신을 사랑하도록 만드는 비법이 필요하다.

좌백인 우한인

상대적인 위치에 따라 차별화된 접근 방식이 필요하다. 암참 모임에서 같은 테이블에 앉는 일곱 명을 거리에 따라서 분류해보자. 좌우 한 명씩(우청룡 좌백호)과, 나머지 다섯 명(주변인)으로 나눈다. 명함을 받은 후, 사무실에 돌아가서 좌(L: left)와 우(R: right)로 구분한 후, 나를 기준으로 R/L + n의 좌석 표시를 하라. 예를 들면 내 왼쪽에 앉은 사람은 L로 표기하고 왼쪽에서 세 번째 앉은 사람은 L+2로 표기된다. 정면으로 바라보는 사람은 F(Front)로 표기하면 된다.

암참 참석자들은 어떤 유형의 사람에게 관심이 있을까? 바로 영어와 한국어를 자유자재로 구사할 수 있는 바이링걸이다. 한국어를 전혀 구사할 수 없는 미국 변호사는 더 이상 미국인 클라이언트에게 강한 인상을 주지 못한다. 예전에는 헤드헌터들이 미국 변호사를 인터뷰할 때 한국어로 대화를 할 수 있는지만 확인했는데, 지금은 한국어로 문서를 작성할 수 있는지까지도 묻는다. 한국인 암참 참석자들에게는 유창한 고급 영어 구사 능력과 세련된 화술이 장점이 된다. 한쪽에는 백인 참석자(L=좌백인)가, 다른 쪽에는 한국인 참석자(R=우한인)가 앉아 있는 빈자리를 찾아라.

'좌백인 우한인' 진영을 갖춘 후에는 두 사람을 유머로 제압할 수 있는 화술이 필요하다. 양쪽에 앉아 있는 두 사람을 영어와 한국어로 번갈아 웃게 만드는 대화의 기술이 필요하다. 웃음은 아침 인사와 함께 보내는 얇은 미소가 아니라, 개그 프로그램을 보면서 배꼽을 잡고 쓰러질 정도로 웃는 '박장대소'를 의미한다. 한번 크게 웃고 나면, 초면일지라도 금세 거리감을 줄일 수 있다.

특이하게도 '좌백인 우한인' 대형을 갖추게 되면, 가장 강한 영향을 받는 사람들은 좌백인도 아니고 우한인도 아닌 나머지 다섯 명(주변인)이다. 과연 왜 그럴까? 물리적 거리 때문에 대화 내용을 자세히 들을 수 없는 주변인들은 두 가지 언어로 상대방의 폭소를 자아낼 수 있는 사람에 호기심이 극대화 되기 때문이다. 모임 후에 사무실로 돌아가서 이메일을 보내면, 응답시간이나 관심도의 차이를 알 수 있다. 5명의 주변인이 답장을 오히려 더 빠르게 보내는 경우가 많다.

'좌백인 우한인'을 친구로 만든 후, 나머지 주변인들에게는 호기심을 자극하고 신비감을 유발함으로써, 테이블 전체를 공략할 수 있다. 같은 테이블에 앉은 사람들 외에 옆 테이블에 앉은 참석자에게도 파급효과가 있는 경우도 있었다. 옆 테이블에 앉았던 미국인 참석자가 회의 중 내가 있던 테이블을 주시한 후, 회의가 끝난 후에 다가와서 반갑게 인사하고, 명함을 주면서 자주 연락하자고 한 적도 있었다.

호기심을 끄는 화술

안찬 모임에서 호기심을 유발하기 위해서는 처음 만난 사람과의 거리감을 없애는 아이스 브레이킹 기술이 필요하다. 얼음을 깨고 처음 만나게 된 다양한 직업과 배경을 가진 사람들과 원활하게 대화하려면 공통 관심사를 찾아야 한다. 상대가 들려주는 이야기를 경청하고, 개인적인 경험담 등을 질문하면 된다. 미국인 참석자와는 한국에서 겪은 문화 충격 등이 좋다. 할리우드 영화에 대한 이야기도 좋은 화두가 된다.

2007년 캐나다 대사관 직원과 암참 회의에서 처음 만나서 십여 분 간 대화를 나누게 되었다. 처음에는 무미건조한 대화를 하다가, 그의 명함을 보니 이름 끝에 "주니어(Jr.)"가 있었다. 난 순간 기발한 아이디어가 떠올랐다.

"내가 너의 아버지다!"
(I Am Your Father!)

영화 〈스타워즈(Star Wars)〉의 '다스 베이더'의 성대모사를 했더니 그는 큰소리로 껄껄 웃었다. 알고 보니 그는 〈스타워즈〉 매니아로 50주년 기념 컬렉션도 소장하고 있었다. 영화 〈스타워즈〉는 주인공 스카이워커가 제다이 기사가 되어서 자신의 아버지인 다스 베이더에 대항하는 줄거리다. 이 영화에서는 아버지와 아들의 갈등 관계가 핵심이다. 영어 이름에는 끝에 주니어(Jr.)가 붙는 경우가 있다. 누구의 아들이라는 의미이다. 주인공 '스카이워커'는 '다스 베이더 주니어'라고도 부를 수 있는 것이다.

자신의 명함에 '주니어'라는 단어를 발견하고 아버지와 아들의 역할극을 한 것이다. 재치 있게 그를 주인공 '루크 스카이워커'로 설정한 후, 내가 다스 베이더의 명대사를 성대모사를 한 것이다. 재치있는 조크는 상대방의 경계심을 푸는 데 상당히 효과적이다. 회사에 돌아온 뒤 루크 스카이워커에게 이메일을 보내자 곧바로 답장이 왔다.

"저는 오늘 당신을 만나서 즐거웠습니다!"
(My pleasure to meet you today!)

아이스 브레이킹의 다음 단계는 좀 더 깊이 있는 대화를 나누는 것이다. 예를 들면, 미국의 정치나 문화에 대해 깊이 있는 대화를 하면 효과적이다. 미국을 잘 이해하고 있다는 느낌을 줄 수 있기 때문이다. 주의할 점이 있다. 미국은 양당 구조가 정착되어 있으므로, 미리 정당 성향을 정확히 파악하고 이야기해야 한다. 미국인들에게 정당 성향이 중요한 경우가 상당히 있다. 예를 들면, 민주당 성향의 미국인에게 클린턴의 르윈스키 스캔들을 비판한다던가, 공화당 성향의 미국인에게 이라크 침공을 비난하는 실수는 피하자.

안변의 필살기

"군중의 마음을 사로잡아서, 너의 자유를 쟁취하라!"
(Win the crowd, win your freedom!)

2000년도 영화 〈글래디에이터(Gladiator)〉는 로마 시대 장군 막시무스(러셀 크로)가 황제 아들의 음모로 노예로 전락한 후, 투기장의 검투사가 되어서 복수를 한다는 이야기이다. 자유의 몸이 되기 위해서 이겨야 하는 마지막 결투 직전에 노예상 프로시모가 막시무스에게 한 말이다. 암참 회의에서도 마찬가지다. 주위에 있는 참석자의 마음을 사로 잡아야만 세일즈에 성공할 수 있다. 옆에 있는 참석자가 돌부처처럼 꿈쩍하지 않는다면, 나만의 필살기가 필요하다.

로펌 변호사라면 클라이언트의 마음을 사로잡는 기술을 써보자. 클라이언트는 로펌 수임료에 대해 잘 모르기 일쑤다. 업무가 끝난 후 인보이스를 받고서, 총액수만 보고 수임료가 비싸다고 불평하는 경우가 더러 있다.

"혹시 로펌 서비스를 싸게 받는 법을 알고 싶으신가요?"

옆의 참석자에게 살짝 속삭여주면 열심히 경청한다. 포인트는 귓속말이다. 큰소리로 이야기하면 가치가 떨어지는 느낌이 든다. 클라이언트는 이런 말에 혹한다. 첫 번째 질문을 던지고 최소한 5초간 침묵을 지켜야 한다. 뜸을 들이는 것이다. 반응을 살피는 동시에 스스로 정답을 고민해 볼 시간적 여유를 주는 것이다. 5초가 5년처럼 길게 느껴질 바로 그 때가 말을 이어갈 적기다. TV 드라마에서 주인공의 키스신 바로 전에 360도 회전하고 정지시킨 후, "다음 주 이 시간에"라고 자막을 올리듯, 상대방의 호기심을 최대한 자극하는 것이다.

"자, 그럼 어떻게 수임료를 절감할 수 있는지 그 비법을 알려드리지요."

클라이언트에게 로펌은 시간당으로 수임료를 계산한다는 점을 상기시켜 준다. 두(頭)당으로 시간당 계산이다. 예를 들면, 수임료가 10만 원인 변호사가 10시간을 일하면 100만 원이 된다. 변호사가 늘어나면 그 수임료 또한 비례한다. 시간당 10만 원 수임료의 변호사 세 명이 10시간을 쓰면, 총 300만 원이 되는 것이다.

수임료율 × 변호사 수 × 시간 = 수임료

10만원 × 3명 × 10시간 = 300만원

클라이언트에게 조언해준다. 로펌에 일을 줄 때 변호사를 지정해서 주는 게 좋다. 회사 대표 번호를 걸어서 연결되는 변호사가 아니라, 자신의 사전 조사로 선정한 변호사에게 직접 맡기는 것이 좋다. 수임료가 걱정된다면, 처음부터 수임료 상한선(cap)을 제시하는 방법이 있다.

마지막 조언은 사내 변호사를 고용하라는 것이다. 영어로는 인하우스 카운셀(Inhouse Counsel)이다. 단기적으로 사내 변호사의 인건비를 추가로 부담하게 되지만, 장기적으로 사내 변호사가 수임료 협상을 하게 되면, 훨씬 효과적으로 수임료를 조정할 수 있다. 만약 여력이 없다면, 사내에 법률 담당자를 일원화하고, 법률 의견서 등을 꼼꼼히 보관하는 것이 중요하다. 일 년에 몇 번씩 담당자가 바뀌어 똑같은 질문을 여러 번 한다던가, 또는 자료를 제대로 보관하지 않아서 매년 새로운 의견서 풀 버전을 요청하는 것은 수임료 증가의 주범이 될 수 있다.

로펌에 이메일을 하거나 전화를 할 때도 일원화된 채널을 통해야 업무 효율성을 높일 수 있다. 마지막으로 로펌 이메일의 CC 리스트를 주의 깊게 봐야 한다. 수신인뿐 아니라 CC에 포함된 모든 변호사가 수임료를 청구할 수 있기 때문이다. 회의에서도 같은 원칙이 적용된다. 전화 회의뿐만 아니라 일반 회의에서도 참석 변호사 모두 수임료를 청구할 수 있다.

명함 속의 비밀

암참 모임에서 새로운 사람의 명함을 받으면 자세히 보고 혹시 예전에 그 회사에 다니는 다른 직원을 만난 적이 있는지 생각해본다. 운 좋게 떠오르는 이름이 있다면 주저 없이 말하고 안부를 전해 달라는 말을 덧붙이자. 낯선 이에게 경계심이 있던 사람도 자신의 직장 동료를 안다고 말하면, 한결 편하게 느낀다.

직장 동료가 절친한 친구 사이가 아니어도 아주 껄끄러운 관계만 아니면 된다. 직장 동료를 어떻게 아냐고 물어오면, 암참 모임에서 인사를 잠깐 했다는 정도로 가볍게 넘기면 된다. 대부분의 사람들은 "아, 예."라고 하면서 별로 신경을 쓰지 않는다.

"내 이름은 김탁구. 탁구를 잘해가 김탁구가 아이고, 높을 탁(卓), 구할 구(求) 자를 써서 김탁구다. 잘 기억해둬."

2010년도 KBS 드라마 〈제빵왕 김탁구〉는 제빵왕이 되기 위한 주인공 김탁구(윤시윤)의 성장 과정을 담았다. 주인공이 자신을 소개하는 방법이다. 탁구라고 하면 운동 경기로 생각하는 점을 착안해서 재미있게 설명한 것이다. 명함 속에 쓰여진 이름은 매우 중요하다. 한자로는 어떻게 되는지 또 부수가 어떻게 되는지 질문하면 좋은 반응을 얻기 쉽다. 영문 이름의 스펠링도 눈여겨보자. 동서고금을 막론하고 누구나 자신의 이름에 대해 많은 자부심을 가지고 있다.

암참 디너 리셉션에서 이런 일이 있었다. 스탠딩 뷔페였는데, 접시에 음식을 담고 배회하다가 외국계 회사 임원과 명함을 교환했다. 영문 명함을 먼저 보았는데, 영문 이름이 "B.S."였다. 궁금한 마음에 명함 뒷면을 슬쩍 보았는데, 어려운 한자라서 읽을 수가 없었다. 명함에 한자 이름 대신 한글 이름을 넣는 최근 경향과 달랐다. 하는 수 없이 이름은 부르지 않고 대화를 했다. 사무실로 돌아와서 옥편을 찾아보니 왜 한글 이름을 쓰지 않았는지를 납득이 되었다. 발음이 '백수'였다. 영어 이름은 "B.S."로 했고 한글 대신 요즘 사람들이 익숙지 않은 한자를 쓴 것이다.

다른 모임에서 만난 사람은 한글 이름이 '영건'인데, 명함에는 영어로 제임스(James)라고 적혀 있었다.

"혹시 교포이신가요?"
"아닙니다!"

얼굴이 약간 붉어지더니 말을 꺼냈다. 예전에는 '영건'을 영어 발음 그대로 'Young Gun'이라고 썼는데, 미국 친구가 한국말로 "당신 변강쇠입니까?"라고 놀리곤 했다는 것이다. young gun은 에너지와 재능이 넘치는 성공적인 젊은이를 지칭하며, 속어로는 성적으로 아주 강한 사람이다. 영어 이름을 항상 제임스로 쓴다고 한다. 그 이야기 덕분에 만난 지 수 년이 흐른 지금도 그 사람의 이름은 기억에서 지워지지 않는다. 명함에 있는 이름은 때론 강한 인상을 남길 수 있다. 앞서 설명했던 캐나다 대사관 직원 명함의 주니어(Jr.)처럼 한 단어로도 상대방에게 강렬한 인상을 줄 수 있다.

등지기 기술

대화의 기술과 더불어, 암참 모임에 대한 전략적인 접근 방식도 미리 준비하라. 최소한 30분 일찍 도착하라. 모임에 일찍 다녀가는 사람들과 대화할 기회가 생기고, 주최 측과 대화하는 시간으로 활용할 수 있다. 처음 오는 사람은 흔히 일찍 오는데, 그들과 만날 수 있는 좋은 타이밍이다. 30분 전에 워밍업을 한 후, 모임이 시작되면 테이블을 선정할 때 다른 배석자들의 시야와 동선을 고려하라.

축구 공격수의 기본적인 드리블 기술 가운데 '등지기 기술'이 있다. 축구선수 '초롱이' 이영표가 장신의 수비수를 등지기 기술로 돌파하는 장면을 기억해보라. 테이블 좌석 중에서 발표자를 등진 자리에 앉으면 '배산임수' 대형을 갖추게 된다. 다른 배석자들은 자의반 타의반으로 나를 계속 보아야만 한다. 테이블이 결정된 후, 좌석을 정할 때, '좌백인 우한인'의 진형을 만족시킬 수 있는 빈자리를 찾아라.

모임이 끝날 무렵이면, 옆 테이블 배석자를 한번 스캔해보는 것이 좋다. 글을 읽을 때처럼 왼쪽에서 오른쪽으로 얼굴 하나하나를 기억 속에 집어넣는 것이다. 주위 테이블 중에 클라이언트가 될 가능성이 높아 보이는 사람이 많은 곳을 정해놓고, 폐회 인사가 나오자마자 그 테이블로 곧장 가서 짧게 인사하면서 명함을 교환하라. 여러 테이블을 공략하는 효과를 얻을 수 있다. 이럴 경우, 단 한 사람만을 정해서 접근하는 것이 효과적이다.

3. 칵테일파티 토크

칵테일 파티장에 도착하면 자신의 베이스캠프를 정하라. 스탠딩 (standing)이라는 말 그대로 서서 하는 파티이다, 그 곳을 기점으로 해서 파티장 전체를 공략하는 것이다. 누구나 친한 사람과 오래 이야기한다. 다양한 사람과 이야기를 나누려면 폭넓게 움직여야 한다. 회사 동료들과 함께 팀으로 가는 경우 베이스캠프를 정하고 틈틈이 모여서 회의를 하는 것이 좋다. 서로 관련 정보를 나누면서 소개가 필요한 사람이 있는지 공유하는 것이다. 너무 외진 곳은 베이스캠프로 적당치 않고, 자연스럽게 자주 오가게 되는 '음료수대' 근처가 좋다.

스탠딩 파티는 체력전이다

칵테일파티는 칵테일 위주로 간단한 서양 음식을 차린 연회다. 좌석을 따로 마련하지 않고 서서 자유로이 여러 사람과 이야기를 나눌 수 있다. 칵테일 외에 콜라, 스프라이트 등 탄산음료도 제공된다. 칵테일파티에 초대

받는 경우, 파티가 시작하기 전에 미리 도착해서 일찍 온 사람들과 여유 있게 대화를 나누자. 일찍 와 있는 이들 중 상당수는 상공회의소 파티에 처음인 경우이므로 친절한 설명을 곁들여 주면 무척 고맙게 여긴다.

"금강산도 식후경이다."

배가 고프면 표정이 경직되고 즐거운 대화를 나누기가 어렵다. 식사를 마친 후부터 본격적으로 인맥 쌓기를 시작하라. 파티에서 나오는 음식을 충분히 먹어두자. 칵테일파티는 뷔페와 비슷해서 늦게 도착하면 맛있는 음식은 없는 경우가 많다. 먼저 온 사람이 맛있는 음식을 먹는 것이다. 파티 시작 10분 전쯤에 미리 도착해서 골고루 먹고 체력을 충분히 비축하라. 음료수는 목만 축일 정도로 마시는 것이 좋다. 너무 많이 마시면 화장실에 자주 가게 되어서 대화의 맥이 끊길 수 있다. 연회장에서 화장실이 상당히 먼 경우가 있다. 화장실에 다녀온 후에는 사람들과 대화가 리셋 되기 때문에 처음부터 다시 시작해야 한다.

혼자 있는 사람에게 접근하라

어느 모임에도 인기가 있는 사람이 있고 소외되는 사람이 있다. 여러 사람들과 함께 있는 사람보다 혼자 있는 사람을 찾아라. 칵테일파티에 가면 누구나 가장 인기 있는 사람과 이야기를 하려고 눈치를 보곤 한다. 주위에 사람이 많은 사람에게는 간단히 인사만 해라. 한 번에 너무 많은 사람을 만날 경우, 기억을 못할 확률이 높아지기 때문이다.

칵테일파티에 가면 홀로 외로이 서 있는 사람들이 있다. 처음 오는 사람이거나 낯을 가리는 유형이다. 바쁜 직장 상사 대신 부하 직원이 참석한 경우도 있다. 이런 사람에게 따뜻하게 말을 건내면 매우 고맙게 기억한다. 외국계 회사는 인사이동이 잦은 편이라, 빨리 승진하는 경우도 생긴다. 어려울 때의 도움은 각별한 기억으로 남는다. 참석한 모든 이들을 한결같이 대하는 자세가 중요하다.

반드시 기억해야 할 점은 참가 목적이다. 파티가 끝난 후 한 사람이라도 자신의 이름과 얼굴을 기억하도록 만드는 것이다. 다시 만나면 편하게 이야기할 수 있는 정도의 관계를 형성해야 한다. 너무 많은 사람과 인사하려다 보면 명함만 수십 장을 받고 한 명도 제대로 기억할 수 없는 경우도 있다.

칵테일파티에서는 양보다 질에 주안점을 두자. 처음 온 사람은 먼저 자신에게 다가와서 따뜻한 인사를 하고 말동무를 해주는 사람의 이름을 확실히 기억한다. 회사에서 상공회의소에 가라고 해서 '억지로' 왔다면 참가 자체에 의의를 둔 채 큰 기대는 없었을 것이다. 이럴 때 친절한 사람을 만나게 되면 무척 반갑게 느끼곤 한다.

음식 이야기로 시작하라

칵테일파티는 음식을 나누면서 편하게 이야기하는 분위기이다. 음식 이야기를 화두로 삼으면 좋다. 음식 이야기로 화제의 꽃을 피우고 느낌이 통한다면 다양한 주제에 대해 이야기를 나눠라. 칵테일파티에서 낯선 사람에게는 먼저 말을 건네는 아이스 브레이킹 기술을 써야 한다. 호텔 음식 이야기가 무난하다.

"당신이 가장 좋아하는 호텔 음식은 무엇인가요?"
(What is your most favorite hotel food?)

다른 호텔의 음식과 비교하면 흥미를 유발시킬 수 있다. 어느 호텔 스테이크가 서울에서 제일 맛있다처럼 호텔 음식 이야기는 누구나 공감할 수 있는 이슈이기 때문에 서로 부담 없이 이야기를 나눌수 있다.

대화가 통한다 싶으면 맛집 이야기로 화제를 넓혀라. 외국인들이 좋아할 만한 분위기 좋은 음식점을 몇 군데 알고 있으면 활발하게 대화에 임할 수 있다. 맛집에서 잘하는 스페셜 메뉴를 추천해주면 아주 흡족해할 것이다. 한국인이 좋아하는 맛집과 외국인이 좋아하는 맛집을 구분해서 추천해주는 것이 좋다. 전통 한식 요리를 먹고 싶어 할 수도 있다. 한식 요리를 처음 접하는 사람에게는 크게 부담이 되지 않는 맛집을 추천하라. 칵테일파티에 가기 전에 사전 조사를 해놓는 것이 좋다.

비즈니스 이야기는 맨 마지막에 하는 것이 좋다. 처음 본 사람에게 비즈니스 이야기를 너무 빨리 꺼내면 업무적인 관계라는 느낌을 강하게 받을 수 있다. 이야깃거리가 거의 떨어지거나 어색하게 침묵이 흐른다면 그 자리를 주저 없이 떠나라. 음료수를 리필 하러 가는 시늉을 하면 된다. 음료수대가 있는 곳으로 향하면 더욱 자연스럽게 보인다.

마당발 따라잡기

사교 모임에는 많은 사람들이 모인다. 모르는 사람들도 꽤 많다. 이런 분위기에서는 인맥이 넓은 사람이 가장 인정받는다. 지나가는 사람들과 인사를 주고받으면 주위 사람들의 이목을 확실히 끌 수 있다. 행사 주최 측 직원들과 친하게 지내라. 모임 장소에 일찍 오면 직원들도 시간적인 여유가 있어서 잠시 담소를 나눌 수 있다. 자주 참석하게 되면 몇몇 직원과는 자연스럽게 안면을 트게 된다.

"안 변호사님, 오늘 일찍 오셨네요!"

주최 측 직원이 먼저 인사를 걸어오면 효과가 더욱 크다. 다른 참석자에게 줄 수 있는 최고의 이미지이다. 상대가 한국에 온 지 얼마 안 된 외국인이라면 현지 네트워크가 상당하다는 느낌을 줄 수 있다. 안면이 있는 사람이 보이면 먼저 달려가서 반갑게 인사하라. 지난 번 어느 미팅에서 만난 누구라고 간단히 설명하고 안부를 전하라. 잠시 대화를 나눈 후에 그 사람을 다른 이들에게 간단히 소개하라.

"○○○씨는 ○○ 회사에서 ○○업무를 하고 계십니다."

상대방의 정보를 다른 이들에 알려줌으로써 선심을 쓸 수 있다. 당신에게 고마운 마음을 확실히 가질 것이다. 사교 모임에 오는 이유는 단 하나다. 비즈니스에 도움이 되는 인맥을 쌓은 것이다.

VIII

국제 협상 영어

협상은 서로 주고받는 것이다. 타결 여부가 중요하다. 협상의 성공 여부를 결과 만으로 섣불리 판단하지 마라. 결과 뿐만 아니라 과정도 중요하다. 대부분의 협상은 단발적이 아니라 여러 라운드로 이어진다. 이런 협상의 연속성을 감안해서 보다 큰 그림을 그리는 총체적인 전략이 필요하다.

1. 협상이란 무엇일까?

협상은 복불복이다.

1996년 겨울 미국 미시간주에서 대학 후배가 현대 소나타를 구입한다 해서 도와주기로 했다.

"수출용 차와 내수용 차는 다르다."

1990년대 당시 미국 유학생들은 귀국 직전에 국산차를 구입하는 경우가 있었다. 외제차와는 달리 귀국 통관 때 관세를 내지 않기 때문이다. 수출용 차량은 국내보다 가격이 상당히 저렴했다. 미국에서 풀 옵션 차량을 구입하고 국내에서 되팔면 상당한 차액을 벌 수 있었다. 미국에서 자동차를 구입할 때에는 세부 옵션에 대한 가격 협상을 거쳐서 구매가 성사된다. 모델에 따라 풀 옵션이 아니라 옵션 별로 흥정을 하는 만큼 협상할 내용이 많다. 담당 딜러의 협상 능력에 따라서 미국의 자동차 가이드북인 "켈리 블루 북 (Kelley Blue Book)"의 가격보다 싸게 또는 비싸게 구입하게 된다.

미국에서 자동차 딜러는 변호사와 더불어 신뢰하지 않는 직업군 중 하나이다. 자동차 딜러는 자기 가족에게도 가격을 속인다는 말까지 회자된다. 미국인들은 자동차 딜러와의 협상에 신경을 바짝 곤두세운다. 동네 딜러가 가격을 원하는 만큼 할인해주지 않으면 몇 시간 정도 떨어진 다른 주까지 가서 구입하는 경우도 있다. 실질적인 절세 효과도 있다. 주마다 적용되는 자동차 판매 세율이 다르기 때문이다.

11월의 어느 날 1시간 넘게 운전해서 그랜드 래피즈(Grand Rapids)에 갔다. 그랜드 래피즈는 미시간주에서 디트로이트 다음으로 인구가 많은 대도시이다. 현대자동차 딜러에 도착했다. 당시 미시간주립대학교가 위치한 이스트 랜싱 인근에는 현대자동차 딜러가 없었다. 그날 따라 종일 내린 눈으로 도로가 심하게 질퍽거렸다. 가격 협상이 끝나갈 무렵 자동차 매트가 없다는 사실을 알게 됐다. 국내처럼 '서비스'로 끼워달라고 딜러에게 요청했다.

"로마에 가면 로마법을 따르라!"
(When in Rome, do as the Romans do!)

딜러는 미국에서는 자동차 매트를 별도로 구매한다면서 단호하게 거절했다. 현대차가 한국산이지만 미국 수출용에는 자동차 매트가 같이 나오지 않기 때문에 별도로 구입해야 한다는 말이었다. 양측의 주장이 팽팽하게 맞선 지 십여 분이 지나면서 자동차 매트 협상 때문에 자동차 판매 여부까지 불투명해졌다.

"여기 문제가 뭡니까?"
(What is the problem here?)

먼발치에서 사태의 심각성을 인지한 사장이 다가왔다. 양측의 상반되는 주장을 듣고 잠시 생각에 잠겼다. 나는 최종 변론을 했다. 당시 "1만 불이 넘는 자동차를 구입하는데 당신들은 단돈 20불짜리 자동차 매트도 끼워주지 못하느냐?"(2023년형 소나타의 미국 판매가는 25,000불 선이다.)

"종일 눈이 와서 땅이 질퍽거리는데 새 차 바닥이 더러워지면 당신이라면 기분이 어떻겠느냐?" 등의 감성에 호소했다. 사장은 벌떡 자리에서 일어나서 창고로 들어가서 무언가를 가지고 나왔다. 그 순간 성공적으로 설득했다는 도취감에 흠뻑 빠졌다. 샴페인을 너무 일찍 터트린 것일까? 그가 창고에서 들고 온 것은 자동차 매트가 아니었다. 전시 차량에 임시로 깔았던 '종이' 매트였다.

"이 종이 매트를 쓰세요."
(Please use this paper mat.)

난 할 말을 잃고 말았다. 객관적으로 내 불평을 받아들였고 논리적인 해결책까지 깔끔하게 제시했기 때문이다. 새 차가 더러워지지 않도록 종이 매트를 가져다준 것이다. 다른 차에서 쓰다가 남은 것이라 회사 측은 추가 비용이 발생하지 않는다. 전쟁에서 패한 장수같은 처참한 느낌이 들었다. 부끄러운 마음에 후배의 얼굴도 제대로 보지 못한 채 부랴부랴 열쇠를 건네받아 시동을 걸었다.

"부르릉!"
(Vroom!)

바로 그때 예상치 못한 일이 생겼다. 자동차의 주유 탱크가 거의 비어 있었다. 당시 미국의 자동차 딜러는 새 차의 기름 탱크를 3분의 1에서 2분의 1까지 채워서 판매했다. 새 차를 구입하자마자 주유소에 들릴 필요가 없도록 하는 일종의 고객 서비스다. 자동차 매트 협상에서 패하고 쌓였던 분노가 벌컥 폭발해 버렸다. 딜러에게 달려가서 버럭 소리를 질렀다.

"당신은 내가 빈 탱크 채로 새 차를 운전하기를 원하나요?"
(Do you want me to drive this new car with an empty tank?)

딜러는 몹시 당혹스러워 보였다. 일반적으로 동양인은 언어 장벽과 문화 차이 때문에 딜러와 마라톤 협상을 잘 하지 않는다. 그에게 다루기가 까다로운 고객이었다.

"우리는 휘발류를 채워주지도 않는 딜러에게서 차를 구입하지 않을 것입니다."
(We won't buy a car from a dealer which does NOT fill up the gas!)

최후통첩을 했다. 순간 딜러는 자기 지갑에서 빳빳한 20달러 지폐를 꺼내서 내 손에 꼭 쥐어 주면서 말했다.

"죄송합니다. 제발 이 돈으로 주유하세요."

(I'm sorry. Please fill the gas with this money.)

기름 값을 안 주면 1만 달러가 넘는 자동차를 팔 수 없을지도 모른다는 불안감에 빠진 것이었다. 방금 전에 사장과의 자동차 매트 협상에서 보기 좋게 패했기 때문이다.

정리를 해보면 자동차를 구매하면서 3단계 협상을 했다. 첫째는 자동차 가격 협상, 둘째는 자동차 매트 협상, 셋째는 기름값 협상이다. 1승 1무 1패를 기록했다. 자동차 가격 협상은 서로 받아들일 수 있는 가격에서 타결되어 1무이고, 사장과의 자동차 매트 협상에서는 패했고, 딜러와의 휘발유 협상에서는 이겼다.

누구든 자신이 원하는 것을 모두 얻을 수 없다. 힘의 균형이 존재하는 협상에서 일방적으로 모든 것을 다 차지할 수는 없다. 윈윈(win-win)은 주어진 상황에서 서로 상대방에게 얻어낼 수 있는 최대한을 얻는 것을 의미한다. 사장은 매트 가격 20달러를 절약했고, 나는 기름값 20달러를 절약했다. 큰 틀에서 보면 서로 '퉁친' 셈이다.

내부의 적이 더 무섭다

국제 통상 협상은 한 쪽으로 긴 직사각형 테이블에서 열린다. 자유무역협정(FTA)에는 주로 두 국가가 참여하기 때문에 테이블 양쪽에 각각 앉는다. 자유무역협정 협상은 크게 서비스 분과와 상품 분과로 나뉜다. 서비스 분과는 재정경제부(현 기획재정부)에서 총괄하고, 상품 분과는 외교통상부(현 외교부. 통상 업무는 산업통상자원부로 이관됐다.)에서 총괄한다.

서비스 분과는 소관 부처에 따라서 다시 여러 소분과로 나뉜다. 통신 서비스의 경우 정보통신부(현 방송통신위원회)가 소관 부처다. 문제는 중앙부처의 업무 영역이 겹치는 경우가 있다는 점이다. 문화관광부는 디지털 콘텐츠, 산업자원부(현 산업통상자원부)는 전자 상거래, 정보통신부는 통신 서비스와 전자 서명을 담당한다. 여러 부처가 관련된 소분과에 참여하기 때문에 '부처 이기주의'가 생길 수 있고, 이를 중재하는 것이 총괄 부처의 역할이다.

분과 회의는 분과장이 주재하고 담당 부처가 참여한다. 통신 서비스 협상의 경우, 분과장인 재정경제부 과장이 주관하며, 정보통신부 대표가 의견을 제시한다. 그 후 산업자원부와 문화관광부는 관련 분야에 대한 의견을 제시할 수 있다. 특이한 점은 모든 분과 회의에 외교통상부 직원이 참석한다는 것이다. 회의에 직접 참여하지는 않지만 모든 진행 상황을 확인한다. 물론 실제 자유무역협정 협상에도 참석한다.

다른 나라도 비슷하다. 미국은 국무부 직원이, 일본은 외무성 직원이 참관한다. 그들을 찾는 방법은 의외로 쉽다. 협상 중에 한마디도 하지 않고 뒤에서 노트북의 키보드를 열심히 치는 이들이다. 그들의 반응을 자세히 살펴보면, 상대국 관점에서의 사안별 중요도를 대충 짐작할 수 있다. 갑자기 키보드를 빨리 친다면 중요한 이슈가 나온 것이다. 반대로 키보드를 치지 않거나 천천히 치면 상대적으로 중요도가 떨어지는 이슈라고 짐작할 수 있다.

흔히 통상 협상은 협상 테이블에서 시작된다고 생각한다. 상당 부분은 분과 회의 같은 내부 회의에서 이루어진다. 부처간 이해 관계를 조율하는 일이 상당히 중요하다. 각 부처는 자신이 맡은 분야의 사업자를 대리하는 역할을 한다. 정보통신부의 경우, KT, SK텔레콤 등의 국내 통신 사업자의 입장을 대변하는 역할도 한다. 협상 총괄을 맡는 재정경제부 또는 외교통상부와는 이견 차이가 자주 발생한다.

정보통신부는 통신 사업자의 이익을 보호하기 위해 시장 개방을 미루려는 경향이 있지만, 외교통상부는 시장 개방을 적극적으로 추진한다. 총괄 입장에서는 큰 그림을 보고 주고받기를 시도해서 협상을 타결하는 것이 우선순위이기 때문이다. 각 부처는 자신의 입장이 관철되지 않는 경우 불협화음을 일으키기도 한다.

"내부의 적과의 싸움을 피하라."

통상 협상의 불문율이다. 상대국과의 협상 중에 같은 편끼리 싸우는 경우가 발생할 수 있다. 상대국 대표들 앞에서 내부의 적과 싸우는 일은 전문가답지 못한 행동이다. 이해관계가 상충하는 부처 간의 조율은 쉬운 일은 아니다. 자유무역협정 협상의 분과 협상 단계에서 백지화되는 경우도 있다. 1~2년간 서로 밀고 당기며 고생한 협상단은 맥이 빠지게 된다.

미국 무역대표부(USTR)의 경우에도 부처 간 갈등이 있다. 단지 외부로 잘 드러나지 않을 뿐이다. 이 점을 이용하면 상대방을 효과적으로 흔들 수 있다. 한·미 통상 협상에서 통신 서비스를 논의할 경우, 미국 대표단은 미 무역대표부(U.S.T.R.), 미 연방통신위원회(FCC), 미국 통신정보관리청(NTIA) 등으로 구성된다. 각 기관은 서로 이해관계가 다르다. 백악관 산하 무역대표부는 외교통상부와 같은 총괄 역할을 한다. 부처 간의 입장 차이를 조정하고 중재하는 내부 조정 역할이 매우 중요하다. 이를 위해서는 협상 성공이라는 큰 틀에서 서로 양보하고 협력하는 자세가 필요하다.

2. 상대방의 협상 전략을 꿰뚫어라

포커페이스(poker face)라는 표현이 있다. 포커 게임을 하는 플레이어가 패의 좋고 나쁨을 얼굴에 드러내지 않는 것을 의미한다. 국제 통상 협상에서도 포커페이스 전략이 많이 사용된다. 항상 효과적인 것은 아니다. 협상 타결을 위한 신뢰를 구축하는데 오히려 부작용을 일으킬 수 있다.

미국인은 항상 웃는다

협상장 분위기는 상대국 문화에 많은 영향을 받는다. 미국 협상단의 특징은 포커페이스이다. 어지간한 일이 아니면 얼굴 표정의 변화를 읽기 쉽지 않다. 협상 결과에 만족하는 경우 살짝 웃고, 불만족스러우면 약간 인상을 쓴다. 두 경우 모두, 협상이 끝난 후의 일일 뿐, 협상 중에는 감정 변화를 잘 내비치지 않는다.

2009년 8월 빌 클린턴 미국 대통령이 북한에서 감금되어 있던 두 명의 여기자들을 구출하기 위해 평양에 도착했다. 당시 공개된 사진을 보면 심기가 불편한 그의 표정이 상당히 낯설다. 클린턴을 맞아 활짝 웃고 있는 김정일 국방위원장과 대조된다. 국제 협상 현장에서 보기 드문 장면이다. 미국은 힘의 논리에서 밀리는 경우가 거의 없기 때문에, 주로 '강자'의 미소를 짓는다. 클린턴은 강제 구금된 기자들을 구출하기 위해 북한의 요구를 모두 수용해야 하는 약자의 입장에 선 것이다. 미국 문화의 포커페이스 전략이 무너진 사례다. 그렇다. 미국의 포커페이스 전략은 '강자'의 미소를 지을 수 있는 경우로 한정된다. 다만, 우리는 현실 세계에서 그런 상황을 자주 접하지 못할 뿐이다.

일반적으로 미국 협상단은 웃는 얼굴로 편하게 이야기를 한다. 주위 동료의 눈치를 보지 않고 자유롭게 한 명씩 이야기를 한다. 다양한 보디랭귀지를 사용해서 자신들의 요점을 강조한다. 반면 협상이 자신들에게 불리해지면 분위기가 확 바뀐다. 인상을 찌푸리고 말수가 줄어들며, 화려한 보디랭귀지를 찾아보기 힘들다. 회의실 내부에 정적마저 흐른다. 미국 협상단의 패착이 짙어질 때 나타나는 전형적인 모습이다. 이럴 경우, 협상이 깨질 확률도 높아진다는 점을 유의하라.

이럴 경우 협상 중요도에 따라서 대응 전략을 바꿔야 한다. 만약 반드시 타결해야 하는 경우, 미국 측을 잘 달랠 수 있는 새로운 조건을 적극적으로 제시해야 한다. 꼭 타결할 필요가 없다면, 미국 측의 주장을 경청하는 수동적인 모드를 취한다. 굳이 상대방도 타결할 의지가 별로 없는데, 우리 측에서 먼저 협상을 깼다는 비난을 받을 필요는 없다. 분위기에 따라서는 서로 생각할 시간을 더 갖자고 하면서 다음 라운드로 공을 넘기는 방법도 있다.

나중에 알게 된 재미있는 사실이 있다. 미국 협상단은 한국 협상단 스타일을 상당히 부담스러워한다는 것이다. '맷집'이 좋아 거듭된 시장 개방 압력에도 꿋꿋이 협상 테이블을 지키기 때문이다. 별다른 감정 표현 없이 고개만 끄덕이면서 듣는다. 미국 협상단은 이런 소통 부재 스타일에는 맥을 못 춘다고 한다.

협상은 서로 주고받는 것이다. 미국인들과의 협상에는 스마일 전략이 유리하다. 미국 협상가의 포커페이스 전략을 사실상 무력화 시킬 수 있는 효과적인 대응 전략이다. 웃는 얼굴에 침을 뱉기는 쉽지 않다. 협상장 밖에서도 친절하게 대하고 협상 중에도 웃으면서 호감을 표시하면 미국 협상가들의 포커페이스 전략에 혼선이 생길 수 있다.

일본인은 무표정하다

일본어에는 사람의 마음을 가리키는 말이 두 가지다. 첫째, '혼네(本音, ほんね)'는 본심에서 우러나온 속마음이다. 둘째, '다테마에(建て前, たてまえ)'는 표면 상의 방침 또는 원칙이다. 일본인과 협상할 때에는 속마음을 읽어내는 능력이 필요하다. 일반적으로 일본 협상단은 평정심을 가지고 협상에 임하는 '다테마에' 전략을 고수한다.

수업 시간에 맨 앞자리에 앉아서 열심히 노트 필기를 하는 모범생 분위기를 상상해 보라. 절대 옆 사람과 잡담을 하거나 딴짓을 하지 않는다. 몰입 분위기로 시선은 앞에 있는 서류에 고정되어 있다. 일본 협상가들의 혼네는 평정심을 잃을 때 나타난다. 장인 정신이 투철한 그들은 세부 내용에 대한 날카로운 질문에 상당히 민감하게 반응한다.

논리적으로 구석에 몰릴 경우 무표정했던 얼굴이 약간 붉어진다. 책임자는 고개를 숙이고 말이 느려진다. 긴장하면 혼네가 드러나는 것이다. 긴장을 숨기기 위해 더욱 냉철한 표정을 짓는다. 협상 결과에 대해 초월한 척 하지만 속으로 상당히 부담스러워한다. 상황이 많이 불리해지면, 얼굴 표정이 심각해진다. 주위 동료들이 웅성거리는 경우도 있다. 사무라이 군단의 팀워크가 흔들리기 시작한다는 신호다. 최악의 경우, 담당자를 왕따(이지메) 시키고, 실수 책임을 전가하는 듯한 느낌을 주는 경우도 있다.

일본과 협상을 잘하기 위해서는 세밀한 디테일을 공략해야 한다. 날카롭게 파고드는 심도 깊은 질문이 효과적이다. 일본 측 자료에 대한 허점을 집중 공략하는 방법도 좋다. 예를 들면, 구체적인 숫자를 요구해보라.

"현재 일본의 3G 서비스 가입자수는 **정확히** 얼마인가요?"
(**Exactly**, how many subscribers currently use 3G service in Japan?)

이 질문에서의 핵심은 '정확히(exactly)'라는 단어이다. 사실 누가 그 수를 정확히 알겠는가! 정답 없는 질문은 완벽주의 스타일의 멘탈을 무너뜨리는 데 효과가 크다. 질문은 친절하게 해야 한다. 날카로운 질문을 하는 것만으로는 별 의미가 없다. 상대방은 다음 번에 확인해주겠다며 회피할 수 있기 때문이다. 당장 답을 해야할 것 같은 분위기를 자연스럽게 만들어 가는 기술이 필요하다.

장인 정신이 투철한 일본인에게 디테일을 모른다는 것은 상당한 오점이 될 수 있다. 별로 중요한 내용이 아니더라도 자세한 내용을 파악하지 못한 것은 자신의 실수로 인정하는 경향이 강하다. 협상 테이블에서 전세가 역전되기도 한다. 다른 동료들이 보기에도 치명적인 실수를 할 경우, 팀워크가 한 번에 우루루 무너지는 경우도 생긴다. 일본인들은 실수를 지적 당하면 상당히 당황해하며, 미세한 부분일수록 더 크게 놀란다.

2004년도 일본과의 자유무역협정 협상 중에 생긴 일이다. 협상은 양국의 수도인 서울과 도쿄에서 번갈아 가며 열렸다. 일본 외무성 건물에서 예비 모임을 할 때였다. 서로 인사를 주고받은 후 일본 측은 A4 용지 두 장에 통상 현안을 친절하게 정리해서 주었다. 영어 오타가 하나 있어서 일본 외무성 직원에게 다가갔다.

"실례합니다. 오타가 있습니다."
(Excuse me. There is a typo.)

예상 외의 일이 발생했다. 그는 고개를 숙이며 정중히 사과했다. 일본 사무라이 영화에서 항복하는 장수처럼 비장함마저 느껴졌다. 서류를 모두 회수한 직원은 황급히 회의실에서 나갔다. 별것 아닌 오타에 과민 반응을 한다는 느낌이 들었다. 프로 정신을 지향하는 그들의 문화가 엿보이는 장면이었다.

일본인과의 협상에서는 진지한 표정 연기가 중요하다. 반면 협상장 밖에서는 따뜻하게 대해야 한다. 같이 식사도 하면서 신뢰를 구축해야 협상 타결 단계에서 한결 편해진다. 주의할 점이 하나 있다. 영어로 협상할 경우에는 지나치게 혀를 굴리는 미국식 치즈 발음은 곤란하다. 잘 이해하지 못하는 경우가 있기 때문이다. 영국 영어 식으로 단어별로 또박또박 끊어서 발음해 주는 것이 상대방에 대한 배려다. '알기 쉬운' 영어를 쓰는 연습을 미리 해두면 협상 테이블에서 실질적인 도움이 될 수 있다.

싱가포르인은 천천히 말한다

"만만디!"
(慢慢的!)

중국인은 절대 서두르지 않는다. 만만디 전략을 잘 활용한다. 협상 중에 재촉하는 경우가 드물다. 급하게 처리해서 손해 보기보다는 천천히 자기 페이스를 유지하려는 경향이 강하다. 돌다리도 두들겨 보고 건너라! 싱가포르 측과 협상을 하면서 깨달은 사실이 있다. 만만디는 자신에게 유리한 상황에만 적용된다.

싱가포르인은 웃는 얼굴로 협상에 임한다. 진지한 표정을 선호하는 일본인과 달리 서양 문화의 영향을 상대적으로 많이 받은 것으로 보인다. 협상 중에 대화도 자유롭고 편하게 한다. 말 속도는 느리고 여유가 있다. 상대방이 급하게 몰아쳐도 만만디를 유지한다. 그들에게도 약점은 있다. 상대방의 진심을 모를 경우 고전한다. 상대국의 협상 타결 의지가 불분명할 때 흔들리는 모습을 보이기도 한다. 협상에서 불리해질 경우, 얼굴이 약간 붉어지고 말이 빨라진다.

특이한 점은 중국어 악센트가 갑자기 튀어나온다. 처음에 완벽했던 영어 억양이 중국어의 4성조와 섞여 혼란스러운 듯한 느낌이 든다. 특히 이 말이 나오면 완전히 코너에 몰린 경우가 많다.

"하오 러!"
(好了!)

싱가포르 협상가가 극도로 불안한 상태에서 자주 하는 말이다. 중국어에서 "하오 러!"는 "좋아요!"라는 뜻이다. 동의 또는 종결 차원에서 "그래 좋아!"라는 의미. 문제는 문맥에 따라서 다르게 해석될 수 있다. 좋은 게 좋은 것이 아닐 경우가 있다. 협상이 자신에게 유리할 때는 긍정적인 의미로 쓰인다. 잘 되어서 기분이 좋다는 뜻이다. 반대로 협상이 불리하게 진행될 경우, 부정적인 의미로 "대충하고 빨리 끝내자!"라는 뉘앙스가 된다. 마치 영화 〈친구〉에서의 장동건의 명대사처럼 말이다.

"많이 먹었다아이가 그만해라……."

싱가포르 협상가와 협상할 경우, 밀고 당기는 '뜸 들이기' 전술이 효과적이다. 너무 한 번에 밀어붙이면 상대방은 만만디 전략을 구사할 것이다. 살짝 밀다가 잠시 기다려주는 것이 포인트다. 흔드는 방법은 두 가지다. 첫째, 고급 어휘를 사용하라. 고급 어휘에 약한 바이링걸의 약점이 싱가포르인에게도 나타나 긴장하는 모습이 역력해진다. 한 번은 이분법이란 표현으로 영어 단어 dichatomy를 사용한 적이 있었다. 싱가포르 협상가의 두 눈이 똥그래지며 놀란 표정을 지었다. 라틴어에서 유래된 흔히 쓰이지 않는 어려운 단어이기 때문이다. 둘째, 회의장에서 간단한 중국어 인사를 하라. 쉬운 표현 위주를 사용하라. 북경어 발음으로 정확히 하는 것이 포인트다.

"니하오!"

(你好!: 안녕하세요!)

이런 짧은 중국어 인사말은 친근감을 심어주는 동시에 상대방을 긴장하도록 만드는 일석이조의 효과가 있다.

3. 원초적 본능을 지배하라

통상 협상이 자주 열리는 미국과는 숨겨진 이야기가 여러가지 있다. 한국 정부는 세계무역기구(WTO)에 가입하면서 미국 무역대표부와 "분기별 통상 점검 회의(Quarterly Action Meeting)"를 하기로 약속했다. 서울과 워싱턴 D.C.를 오가며 개최된다. 통상 문제가 발생하기 전에 양국 통상 대표가 정기적으로 만나서 선제적으로 해결하기 위한 조치다. 서로에 대해서 잘 아는 만큼 더욱 치밀한 협상 전략이 필요하다.

"식사하셨나요?"
(Did you eat?)

미국 무역대표부는 한국인들의 식사 문화를 잘 알고 있다. 문안 인사에 가깝다는 사실도 안다. 금강산도 식후경이라는 식사 문화를 잘 이해한다. 협상이 길어지면 한국 협상단들은 식사를 하고 하자고 제안하곤 한다. 식사를 핑계로 잠시 휴식하려는 전략적인 면도 있다. 미국의 공격적인 시장 개방 요구를 대한 지연 전략으로, 계속 다른 핑계를 대면서 협상 진도를 늦

추는 것이다. 미국 대표는 이런 전략을 잘 알고 있다.

미국 무역대표부에서 근무했던 친구가 자신의 양자 협상 경험담을 털어놓은 적이 있었다. 워싱턴 D.C.에서 협상이 열릴 경우 휴식 시간 없이 강행군을 한다는 것이다. 그럴 때마다, 한국 측은 어김없이 식사를 하고 하자고 제안하지만 그대로 밤을 샌 적도 있다고 한다.

"과연 미국인들은 식사도 안 하고 날밤을 세울 수 있는 강철 체력일까?"

이 말에 미국 친구는 피식 웃으면서 말했다. 미국 측은 한 명씩 교대로 화장실에 간다고 나와서 햄버거를 재빨리 먹고 돌아온다는 것이다. 이런 사실은 까맣게 모르던 한국 협상팀은 미국 측의 압박과 공복감이라는 이중고를 겪는 경우가 많았다. 서울에서 협상이 열리는 경우에는 반대 현상이 벌어진다. 미국인은 더위에 약하다. 미국 친구는 자신들이 워싱턴에서 한국 협상단을 굶기자, 서울 협상 때 회의실 에어컨을 '고의적으로' 꺼버린 것이라고 오해하고 있었다.

"미국 대사관 직원들은 계절을 거꾸로 지낸다."

미국인들은 건물 에어컨을 무척 세게 튼다. 1970~80년대에 미국 대사관 직원의 복장에 대한 이야기가 나돈 적이 있다. 여름철에는 에어컨을 너무 세게 틀어서 긴팔 옷을 입고, 겨울철에는 히터를 너무 세게 틀어서 반팔 옷을 입고 출근한다는 이야기다. 미국 대학 도서관에서도 한여름에 추워서 긴팔 옷을 입고 공부한 경험이 있었다. 어떤 한국 학생은 잠바까지 입고 공부한 경우도 봤다. 미국인 입장에서는 국내 관공서의 에어컨의 강도가 너무 약해서 트나 마나일 것이다. 에어컨 강도 차이를 설명해주자 그 친구는 자신이 오해했다며 피식 웃었다. 미국 무역대표부의 협상 전략의 치밀함을 엿볼 수 있는 에피소드다.

말하지 않아도 알아요

"낮말은 새가 듣고 밤말은 쥐가 듣는다."

국제 통상 협상 세계에도 마찬가지다. 양자 협상의 경우, 참석자 중에 상대국 언어를 이해하는 사람이 포함되는 경우가 있다. 대표적인 경우가 일본과의 통상 협상이다. 한국어와 일본어가 매우 비슷하기 때문이다. 언어적 유사성은 양날의 칼이 될 수 있다. 잘못하면 자신의 칼에 베일 수가 있다. 상대방의 말을 이해하기 쉽지만, 반대로 상대방도 내 말을 이해하기 쉽다.

일본과의 통상 협상에는 이른바 '지한파'가 최소한 한 명씩 참석한다고 알려져 있다. 그들은 절대 자신들의 한국어 능력을 과시하지 않는다. 자신의 신분(!) 노출을 꺼리기 때문이다. 협상 테이블 맨 구석에서 묵묵히 무언가를 열심히 적는다. 한국 협상 대표끼리 이야기할 때도 열심히 적는다. 노트북을 사용하는 미국 국무부 직원과는 달리 일본 총무성 직원은 소리 없이 펜으로 적는다.

이런 협상 전략을 파악하고 있는 한국 측도 대응책을 마련한다. 중요한 대화는 귓속말로 속삭이는 것이다. 한 손으로 입을 가린 채 귀에 대고 이야기하는 경우도 있다. 입술 모양을 읽는 '독순술'을 구사하지 못하게 하려는 것이다. 나라마다 문화적인 차이가 있기 때문에 상대방의 허점을 찔러서 놀라게 하는 방법은 다르다.

소중한 정보를 감사드립니다

싱가포르는 아시아에서 영어를 상대적으로 잘 구사하는 도시 국가다. 규모는 작지만 다양한 인종과 문화가 조화롭게 살아가는 곳이기 때문에 영어와 중국어의 바이링걸 구사 능력이 중요시된다. 싱가포르 대외 경쟁력의 한 축이 바로 뛰어난 영어 구사 능력이다.

2004년 싱가포르와의 자유무역협정 협상의 마지막 라운드에서 생긴 일이다. 홈앤어웨이 방식으로 서울과 싱가포르에서 교대로 개최하다가 마지막 라운드는 공평하게 제삼국인 태국 방콕에서 개최됐다. 양측 모두 홈경기가 아니라서 행정 지원을 거의 받을 수 없는 열악한(!) 환경이었다.

협상장에 싱가포르 외무부 직원이 다급히 들어왔다. 본부에서 받은 지시 사항을 다른 동료에게 신속히 알려주기 위해서였다. 긴급한 사항인 듯 자리에 앉기도 전에 북경어로 소리쳤다. 한국 협상 대표단에는 북경어를 알아들을 수 있는 사람이 없을 것이라고 지레짐작 했을 것이다. 순간 재미있는 아이디어가 떠올랐다. 말을 제대로 이해할 수는 없었지만 상대방을 당황하게 만들 수 있다는 생각이 들었다. 그 직원이 자리에 앉자마자 한마디를 했다.

"씨에씨에 니!"
(谢谢你!)

미국 대학에서 배운 북경어 악센트로 또박또박 말했다. 두 가지 의미로 받아들여질 수 있다. 첫째, "회의 진행을 방해해줘서 고맙다."이다. 둘째, "고급 정보를 공유해 줘서 고맙다."이다. 둘 가운데 어느 상황이라도 싱가포르 측에서는 체면을 구기게 됐다. 크게 소리쳐서 협상장 분위기에 찬물을 부은 격이고, 상대방에게 협상 전략을 노출한 꼴이기 때문이다. 잠시 적막이 흐르고서 통상 협상은 계속 됐다. 눈에 띄는 차이점이 포착됐다. 갑자기 싱가포르 측이 서로 귓속말로 대화를 주고받기 시작했다. 혹시라도 중국어 대화 내용을 알아들을지도 모른다는 위기감 때문에 태도가 돌변한 것이다.

미국 유학 때 만났던 싱가포르 친구에게 들은 이야기가 생각났다. 지리적인 거리 때문에 싱가포르인은 표준어인 '보통어(普通語)'를 잘 구사하지 못한다. 뚜렷한 4성조를 가진 중국 표준어는 영어로는 만다린(Mandarin)이라고 부른다. 싱가포르인은 보통어 대신 대만인들이 사용하는 복건어 또는 홍콩인들이 쓰는 광동어를 주로 구사한다.

내 보통어 발음을 들은 싱가포르 대표단의 얼굴은 순식간에 새하얗게 변했다. 자신들도 제대로 발음하지 못하는 북경어 스타일이라서 충격은 더욱 컸을 것이다. 짧은 말이었지만 상황에 정확히 들어맞았기 때문에 효과적이었다. 통상 협상에서는 협상 내용뿐만 아니라 과정에서의 기싸움이 상당하다. 씨름 경기에서 하는 '샅바 싸움'과 비슷하다. 기선을 잡으면 상대방에게 심리적인 압박감을 줄 수 있다.

고객님, 아직 회원이 아니신가요?

영어를 잘 구사하는 협상 대표와의 기싸움은 논리 게임이 되기도 한다. 의견이 팽팽하게 맞설 때 균형을 깰 수 있는 기술이 필요하다. 싱가포르와의 자유무역협정 협상에서 생긴 일이다. 싱가포르 외교부 대표와 열띤 논쟁을 하고 있었다. 싱가포르 측은 A와 B가 같다고 주장하는 반면에 우리 측은 A와 B는 다르다는 입장이었다.

통신 서비스 시장 개방과 관련해서 싱가포르 측에서 경제협력개발기구(OECD)의 자료를 근거로 제시하며 그 방향으로 합의를 보자고 주장했다. 양측의 의견이 팽팽하게 맞서고 있는 상황에 나온 미봉책이었다. 서로 한 발씩 양보해서 제삼의 국제 기준에서 합의를 보자는 싱가포르의 주장이 다소 설득력이 있어 보였다.

싱가포르 측이 제안한 글로벌 스탠더드를 논리적으로 반박할 대응 논리가 필요했다. 열띤 논쟁이 계속되는 중에 상대방의 논리를 반박할 수 있는 돌파구가 필요하다는 생각이 들었다. 순간 OECD 국가 중 아시아 회원국은 한국과 일본, 단 2개 국이라는 사실이 떠올랐다.

"잠깐만 기다리세요! 싱가포르는 OECD 회원국이 아닙니다. 그렇죠?"
(Wait a minute! Singapore is not an OECD member. Is it?)

옥스퍼드 대학 출신의 싱가포르 대표의 얼굴은 갑자기 굳었다.

"당신 말이 맞습니다."
(You're correct.)

짧은 답변과 함께 열렬히 주장해온 제시안은 백지화되었다. 자기모순에 빠졌기 때문이다. OECD 비회원국이 회원국에게 그 기준을 따르자고 주장하는 것은 주객이 전도된 것이다.

4. 공격할 땐 매섭게

호통칠 땐 떠나라

국제 통상 협상은 외교의 연장선으로 간주되어 외교적인 매너가 중요하다. 일전에 싱가포르 외교부 직원이 이런 질문을 했다.

"왜 한국은 외교와 통상 기능을 통합했나요?"

당시 싱가포르는 물론 미국과 일본 모두 외교와 통상 기능을 분리해놓고 있었다. 둘 다 담당할 경우, 정책적 모순이 발생할 수 있기 때문이다. 매너 있게 행동해야 하는 외교 업무와 달리 통상 업무는 진흙탕 싸움에 가깝다.

때로는 개그맨 박명수처럼 호통치는 압박 전략이 필요하다. 2005년 유럽자유무역연합(EFTA)과의 자유무역협정 협상을 하던 중에 생긴 일이다. 유럽자유무역연합에는 아이슬란드, 리히텐슈타인, 노르웨이, 스위스 4개국이 포함된다. 본부는 스위스 제네바에 있다. 유럽 국가와의 첫 번째 자유무역협정 협상이었다. 협상 첫날에 스위스 대표 중 한 명이 상당히 거만한 말투로 이야기를 했다. 별로 중요하지 않는 사안에 대해서 우리 측에 꼬치꼬치 캐묻는 등 외교적 매너에 어긋나는 행동을 일삼았다. 인내심의 한계를 넘는 발언을 했다.

"저는 **당신의** 영어를 이해할 수 없습니다!"
(I don't understand your English!)

우리 측 협상단의 영어 실력을 공개적으로 비판한 것이었다. 외교 석상에서는 도저히 용납할 수 없는 무례한 발언이었다.

"저는 당신의 **태도**를 감사하지 않습니다!"
(I do not appreciate your attitude!)

화가 머리끝까지 치솟은 나는 버럭 소리쳤다. 회의장에는 몇 초간 정적이 흘렀다. 양처럼 순한 줄로만 알던 한국 대표단에서 회의 중에 큰소리가 나왔기 때문이다. 동양인에 대한 그들의 편견이 깨지는 순간이었다. 그 협상 이후, 문제 발언을 한 스위스 대표는 전격 경질됐다. 최소한의 외교상 매너를 지키지 않았기 때문이다. 후임자는 매우 품위 있게 협상에 임했다.

돌이켜 보면, 당시 내 발음에 강한 미국식 억양이 섞여 있었기 때문에 효과가 더 컸던 것 같다. 영국인을 제외한 유럽인들에게는 영어는 외국어이다. 미국인 입장에서 보면 유럽인은 영어를 공부한 외국인이다. 재미있는 사실은 미국식 발음만 들어도 지레 주눅이 들어 보였다. 모든 것은 상대적인 것이다. 동양인에게는 큰소리를 칠지 모르지만, 미국인이나 미국식 발음 앞에게는 큰소리를 잘 치지 못한다.

미안하다 잠수탄다

일본과의 자유무역협정 협상 중에서 생긴 일이다. 도쿄로 출국하기 전날 일본 총무성 담당부서 여직원과 직접 통화를 했다. 내일 협상에서 필요한 문서를 서로 주고받자고 합의했다.

"내일 뵐게요!"
(See you tomorrow!)

협상장에 도착해보니 총무성에서 다른 담당자가 와 있었다. 어제 전화 통화 내용을 전혀 모른다는 '모르쇠' 전략을 썼다. 나는 200쪽 넘는 무거운 문서를 직접 인쇄해서 들고 왔는데, 상대방은 빈손으로 와서 딴소리만 하다니.

"당신 서류 패키지는 여기에 있습니다!"
(Here is your document package!)

나는 200페이지짜리 서류 뭉치를 그의 자리로 휙 던졌다. 쾅! 하는 둔탁한 소리가 협상장에 메아리쳤다. 일본 측에 강하게 항의를 했다. 약속을 지키기 위해 무거운 서류를 들고 왔는데, 일본 측은 담당자조차 오지 않았기 때문이다. 협상을 하려면 제대로 하자고 의견을 제시했다. 순간 협상장 분위기가 살벌해졌다. 일본 대표가 그를 째려보는 느낌마저 들었다.

"이번 건은 한국 측 의견대로 하겠습니다."

일본 수석 대표가 말했다. 준비 부족으로 인한 책임을 지고 관련 사안에 대해서 양보를 한 것이다. 예상하지 못한 결과였다. 협상이 끝난 후 내게 질책을 당했던 일본 총무성 담당자가 뚜벅뚜벅 다가왔다. 순간 움찔했다. 일본 도쿄 외무성 건물의 회의실인데, 홈그라운드라는 이점을 이용해서 해코지라도 하려는 것이 아닌가 하는 걱정이 들었다.

"죄송합니다!"
(I'm sorry!)

고개를 숙이며 정중히 사과하며 다음부터는 그런 일이 없을 것이라고 다짐도 했다. 그 날 이후, 그를 다시 보지 못했다.

여권 번호가 어떻게 되시죠?

정부 규제가 많은 국가에서는 은행이 권력 기관처럼 업무를 처리하는 경향이 있다. 사업가 입장에서는 자금줄을 쥐고 있는 은행이 상당히 중요하다. 외국인 투자자인 경우에는 외국환 거래와 관련된 규정도 적용되기 때문에 은행과의 유기적인 관계가 매우 중요하다.

상대방 국가의 법률을 근거로 하는 협박은 물리치기가 쉽지 않다. 로펌에서 러시아 모스코바에 회사를 설립하는 업무를 할 때였다. 회사를 설립하기 위해서는 외국환 거래은행을 결정한 후 계좌를 열어야 한다. 러시아에도 외국환거래법이 있어서 모든 외환 거래를 당국의 사전 허가를 받아야 한다. 러시아에서는 "패스포트(passport)"라고 부른다.

설립 마지막 단계에서 사고가 터졌다. 클라이언트가 관련 절차를 생략하고 회사 설립 자금을 송금해 버렸다. 클라이언트는 송금하면 다 해결될 것이라고 쉽게 생각한 것이다. 몇 시간 후 모스크바 은행에서 국제 전화가 걸려왔다. 송금된 자금은 외국환거래법에 위반되므로 돌려보내겠다는 엄포였다. 나는 시간상의 여유가 별로 없으니 잘 처리해 달라고 사정을 했다. 30분 정도 선처를 호소하자 현지 은행 매니저가 전화를 해왔다. 외국환거래법에 위반된 자금을 사용하는 경우 새로 설립된 회사에 벌금이 부과될 수 있으며 벌금은 위반 금액의 100%까지 된다고 했다. 까딱하다간 송금한 돈 전부를 벌금으로 러시아 정부에 지불하게 될 판국이다.

전화를 끊고 곰곰이 생각을 해보았다. 외국환거래법에 위반된 자금을 받은 은행은 러시아 연방규정상 외국환 거래은행이고, 러시아 중앙은행으로부터 외국환거래 허가를 받고 업무를 대리하는 것이다. 외국환 신고가 안 된 돈은 외국환거래 은행에 더 큰 문제가 될 것이다.

러시아 연방법을 잘 모르는 외국인들은 이런 실수를 자주 할 것이고, 러시아 중앙은행에 허가를 받은 외국환 거래은행은 큰 제재를 받을 수 있다. 이를 미연에 방지하기 위해서 외국 고객들에게 100% 벌금이라는 협박 카드를 사용한다는 생각이 들었다. 대부분의 은행 고객들은 '벌금'에 민감하기 때문에 잘잘못을 따지지 않고 즉시 돈을 되찾아갈 것이다.

벌금이라는 압박 카드를 내놓았음에도 내가 강경한 태도를 고수하자 러시아 은행 측은 당황하기 시작했다. 더 이상 압력을 가해봤자 효과가 거의 없을 것이라는 판단한 듯했다. 은행 외환 거래 담당자와 마라톤협상을 하는 중에 새로운 생각이 떠올랐다. 혹시 패스포트가 허가 번호인 아닐까? 본능적으로 질문을 던졌다.

"패스포트 번호가 뭔가요?"
(What is the passport number?)

육감을 믿고 번호를 달라고 요구했다. 은행 담당자가 잠시 말을 잇지 못했다. 그녀는 내가 이미 관련 규정에 대해 상당히 알고 있다는 생각한 것이다. 전화를 마친 후 10분 만에 패스포트 넘버가 포함된 짧은 이메일을 받았다.

"당신의 패스포트 번호는 여기 있습니다."
(Here is your passport number.)

다른 이야기는 전혀 없고 며칠 전 입금된 돈에 대한 패스포트 번호가 나왔다고만 짤막히 했다. 국제 협상을 하다 보면 정보가 불균형한 경우가 많다. 해외 투자인 경우 외국의 관련 법률 규정을 자세히 알기는 쉽지 않다. 현지 로펌의 도움이 필요하지만 외국 은행과의 협상도 큰 변수로 작용한다.

정보의 불균형을 극복하기 위해서는 상대방의 허점을 찾아야 한다. 국내 사례와 비교해보면 도움이 되는 경우도 있다. 한국과 러시아의 외국환 거래 과정을 비교분석한 것이 큰 도움이 됐다. 덕분에 생소한 패스포트 제도의 허점을 찌를 수 있었다. 패스포트가 일련의 숫자라는 사실은 러시아 은행 입장에서는 '불편한 진실'이다.

비밀은 아니지만 아는 사람은 많지 않다. 러시아 은행이 외국인 투자자에게 책임을 전과하는 관행이 들통이 났다. 핑계거리가 없어진 후, 단 10분 만에 패스포트 번호가 발급됐다. 러시아 프로젝트가 성공적으로 끝난 후, 모스코바의 은행 책임자로부터 짧은 이메일이 도착했다.

"저는 당신과 새로운 업무로 같이 일하기를 고대합니다."
(I look forward to working with you on a new matter.)

만날 운명이라면 만나게 돼요

2004년 귀국하기 전에 미국 무역대표부에 근무했던 한국 책임자를 만날 기회가 생겼다. 짧게 인사를 나눈 후, 그는 한국 정부의 시장 방어 논리에 대한 반대 의견을 밝혔다. 한 달 후 그의 사무실에서 다시 만나게 되었다. 이번에는 서로 반대편 테이블에 앉게 됐다. 그는 미국 무역대표부 대표로, 나는 정보통신부 대표로 참석했다. 백악관 옆에 있는 사무실에서 재회한 그는 다가와 내게 악수를 청하며 귓속말을 건넸다.

"세렌디피디!"
(Serendipity!)

'찾아도 없는 보물을 운 좋게 발견하다'라는 뜻이다. 한국 정부 측에 지인이 있어서 좋다는 의미이다. 한 달 전에 주장했던 시장 개방 논리를 그대로 재방송하며 회의는 끝났다. 얼마 후 존 쿠삭과 케이트 베킨세일이 주연한 2001년도 영화 〈세렌디피티〉를 보았다. 남녀 주인공은 뉴욕의 한 백화점에서 마지막 남은 검정색 장갑을 동시에 집으면서 우연히 만난다. 각자의 애인에게 크리스마스 선물로 주기 위해서이다. 세렌디피티는 사라가 좋아하는 카페 이름으로 "우연한 행운(fortunate accident)"라는 뜻이다. 운명론자인 사라는 조나선과의 전화번호 교환을 완강히 거부하면서 말한다.

"다시 만날 운명이라면 다시 만나게 돼요."
(If we're meant to meet again, then we'll meet again.)

7년 후, 두 사람은 서로 간의 이끌림(케미스트리)을 잊지못하고 첫 데이트 장소였던 눈내리는 스케이트장에서 재회한다. 영화의 주제는 이렇다. 우연이 반복되면 운명이 될 수 있지만, 운명적인 사랑은 노력으로 쟁취하는 것이다. 미국 무역대표부 친구의 인삿말은 영화처럼 다시 만나서 기쁘고 서로 같이 노력해서 협상을 성공적으로 마치자는 뜻이었다.

긍정적인 표현이 상대방과 공감대를 형성하는 데 도움이 된다. 협상 테이블에 마주 앉아서는 서로 언성을 높여가며 통상 협상을 하지만, 협상장 밖에서는 친구 사이로 발전되는 경우도 있다. 협상장 밖에서 쌓인 신뢰는

추후 협상에도 긍정적으로 작용한다. 협상은 사람 간의 '소통'이기 때문이다.

문화 차이를 느껴야 영어가 는다
센스 (Sense)

ⓒ 안준성, 2023

초　판 1쇄 인쇄　2011년 2월 15일
개정판 1쇄 발행　2023년 11월 30일

지은이　안준성
펴낸이　안준성
디자인　가보경 이소윤

펴낸곳　도서출판 안다
등　록　2022년 6월 30일 제2022-000132호
주　소　서울특별시 서초구 서초대로 243 4층 (서초동)
이메일　junseong@hotmail.com

ISBN　979-11-979430-1-0　13740

· 책값은 뒤표지에 있습니다.
· 이 책은 저작권법에 따라 보호받는 저작물이므로 무단전재 및 복제를 금합니다.
· 잘못된 책은 구입하신 서점에서 바꿔드립니다.
* 이 책에는 'G마켓산스체', '조선신명조체'를 사용하고 있습니다.